직진형 인간

생각을 멈추고, 행동을 현실로 바꾸는 힘

직진형 인간

임진강
(데미안) 지음

billybutton 빌리버튼

내 걸음은 언제나 조금 느렸다.
앞서가려 애쓸수록 더 멀어지는 기분이라
가끔은 그냥 숨어버리고 싶었다.

파도가 일렁이면 함께 흔들리고,
비가 내리면 그대로 맞으며
그저 묵묵히 그 자리를 지켰다.

처음은 언제나 서툴고
새로운 도전은 늘 두렵지만
불안해할 필요는 없다.

넘어지면 잠시 쉬어가고,
선택했다면
자신을 믿고 나아가면 된다.

어제는 이미 지나갔고
내일은 여전히 불안하지만
오늘은 아직 아무도 모른다.

그러니 괜찮다.
그때 버티길 잘했다고
생각하는 날이 분명히 올테니까.

프롤로그

스무 살의 나는 세상에 한 줄의 문장을 남기고 싶었다. 작가가 되고 싶었다. 그 꿈은 어디에서 시작된 걸까?

나는 고등학교를 전교 1등으로 졸업했다. 졸업식 날 문과와 이과 수석이 단상에 올라 종합우수상을 받았고, 그중 한 명이 나였다. 함께 상을 받은 친구는 이미 서울대에 합격해 있었다. 하지만 나는 대학 원서조차 쓰지 못했다. 집안 형편이 너무 어려워 원서 접수비 몇만 원조차 낼 수 없었고, 설령 합격하더라도 등록금을 마련할 방법이 없었다. 당시는 정부 학자금 대출 제도가 도입되기

전이었다.

고3이던 그해, 우리 집은 파산했다. 하지만 나는 수능이 끝날 때까지 그 사실을 알지 못했다. 부모님은 내 공부에 지장이 될까 봐 숨기셨고, 수능이 끝난 뒤에야 알려주셨다. 부모님은 20년 넘게 모은 전 재산을 잃은 데다, 수억 원의 빚까지 떠안을 만큼 큰 사기를 당하셨다. 살던 집과 귤밭은 남의 손에 넘어가 있었다. 형편이 어렵다는 건 짐작했지만, 1년 동안 그렇게 많은 일이 있었는지는 알지 못했다. 고등학교를 수석으로 졸업하고도 대학 원서 한 장 써보지 못한 현실은 참담했다. 그 사실을 알았을 때 사기꾼들이 원망스러웠다. 하지만 분노와 무력감은 이내 결심으로 바뀌었다.

'혼자 힘으로 다시 공부해 장학금을 받고 법대에 진학하자. 그리고 사법시험에 합격하자.'

그렇게 갓 스무 살이 된 나는 검사가 되겠다는 목표를 세웠다. 그러나 현실은 녹록지 않았다. 갑작스러운 물질적 빈곤은 견딜 만했지만, 가난에서 비롯된 가족 간의 갈등은 더 깊은 상처를 남겼다. 우울한 마음을 붙들기 위해 책을 읽기 시작했다. 공공도서관에서 나폴레온 힐, 데일 카네기, 노먼 빈센트 필 등 수많은 자기계발서를 닥치는 대로 읽었다. 성공한 이들이 어떤 길을 걸어왔는지 궁금했고, 고난을 버틸 내면의 힘이 간절했다. 책들은 한결같이 같은 메시지를 전했다.

'긍정의 힘, 낙관적 사고, 진취적인 태도.'

처음엔 낯설었지만 반복된 가르침이 점점 나를 설득했다. 그들의 철학은 내 안에 천천히 뿌리내렸다.

그 시절, 편의점에서 시급 2,500원을 받으며 일했다. 최저시급에도 못 미치는 금액이었다. 일과 공부를 병행하느라 도서관에서 보내는 시간이 많아졌고, 끼니는 빵으로 때우기 일쑤였다. '할 수 있다'는 믿음 하나로 간절히 버텼다. 돌이켜 보면 그것은 자기암시와도 같은 버팀목이었다. 바닥에서 시작했지만 언젠가 날 수 있다는 믿음이 나를 붙들었고, 인생을 향한 자신감이 조용히 자라나고 있었다. 삶은 크게 달라지지 않았지만, 나는 변하고 있었다. 그 변화의 힘으로 마침내 서울의 한 명문 대학 법학과에 진학했다.

스무 살 이후로는 학비와 생활비를 포함해 부모님의 재정적 지원을 받지 않았다. 내 힘으로 벌어 어려운 상황을 헤쳐 나갔다. 그렇게 가난은 나를 물질적으로도, 정신적으로도 일찍 자립하게 했다.

그 모든 과정의 중심엔 '책'이 있었다. 아무도 내게 "할 수 있다"고 말해주지 않았다. 대부분은 고개를 저으며 "현실을 봐야지"라고 했다. 오직 책만이 가능성을 속삭여 주었다. 이미 세상을 떠난 이들의 메시지가 현재의 나와 연결됐다. 책은 내게 희망을 주었고, 밑바닥에서도 고개를 들어 위를 바라보게 했다.

읽다 보니 쓰고 싶어졌다. 어려웠던 시절, 일기를 쓸 때마다 감정이 정리되며 한결 가벼워졌다. 분노와 슬픔이 엉켜 있던 마음이 정화되는 느낌이었다. 그 시절, 책은 내게 생기를 불어넣었다. 언젠가는 나도 누군가의 어둠을 밝히는 글을 쓰겠다고 다짐했다. 책으로 받은 빛을 다시 건네며 그 빚을 갚으리라.

'희망과 빛이 되는 책을 쓰겠다.'

시간은 걸렸지만 나는 그 약속을 지켰다. 첫 책은 공부법에 관한 내용으로 베스트셀러가 되었고, 많은 학생과 학부모에게서 "도움이 되었다"는 인사를 받았다.

이제 두 번째 책, 《직진형 인간》을 세상에 내놓는다. 누군가의 마음에 닿아 변화의 씨앗이 되기를 바라는 마음으로 썼다. 나는 책에서 길을 찾았고, 그 문장들이 나를 일으켜 세웠다. 이제는 그 빛을 나눌 차례다. 이 책이 멈춰 있던 마음에 다시 불을 지피는 작은 불씨가 되기를 바란다.

《직진형 인간》은 총 3부로 구성되어 있다. 1부에서는 방황을 끝내고 삶을 180도 바꿔낸 성장 이야기를 담았다. 2부에서는 누구나 당장 변화를 시작할 수 있도록 현실적인 전략과 실행법을 소개한다. 3부에서는 변화를 오래 이어가고 잠재력을 폭발시킬 수 있는 강력한 마인드셋을 전한다.

  방향을 정하고 한 걸음씩 나아가라. 그 과정이 곧 자신을 바꾸는 힘이 된다. '직진'은 삶을 바꾸는 가장 명쾌한 해법이다. 이제 직진으로 원하는 삶을 향해 나아가라.

차례

프롤로그 · 10

1장
나를 바꾼 첫 번째 직진

당신에게 한계란 없다 · 23

그날, 삶의 방향이 달라졌다 · 28

죽어라 공부, 첫 번째 도약 · 32

평가에 갇힌 나를 넘어서는 순간 · 36

잠재력은 움직일 때 깨어난다 · 40

수동을 버리고, 능동을 택하다 · 45

역경은 내면을 단련한다 · 49

고르디우스의 매듭을 잘라라 · 52

풀지 못할 문제는 없다 · 55

망설임을 끊고 결단하라 · 59

오늘이 아니면, 내일도 없다 · 62

리액션이 아니라 액션으로 살아라 · 66

매일 나의 길을 걷는다 · 69

2장
삶을 바꾸는 직진의 기술

안전지대를 깨뜨려라
불안을 멈출 수 없다면, 두려움을 향해 달려가라 · 75
모험극의 주인공은 바로 당신이다 · 78
성장은 안전지대 밖에서 시작된다 · 81
안전지대를 뛰어넘는 6가지 실천 가이드 · 85

추진력으로 도약하라
기세는 기회를 부른다 · 89
추진력의 단계 · 92
인생의 스노우볼 효과 · 97
추진력을 높이는 6가지 실천 가이드 · 100

몰입으로 한계를 돌파하라
몰입과 도약의 1년 · 104
엔트로피에 저항하라 · 107
성장은 몰입에서 시작된다 · 111
집중을 높이는 6가지 실천 가이드 · 115

실패를 성장의 발판으로 삼아라
실패에도 방향이 있다 · 120
불운을 기회로 바꿔라 · 121
넘어진 자리에서 무기를 얻어라 · 126
실패를 자산으로 만드는 6가지 실천 가이드 · 129

반복되는 실패의 심리적 매듭을 끊어라
성공보다 실패에 끌리는 이유 · 133
익숙한 실패를 끊고 낯선 성공을 선택하라 · 136
회피를 끊는 강력한 설계의 힘 · 139
'실패에의 의지'를 '성장에의 의지'로 바꾸는 6가지 실천 가이드 · 141

행운의 양을 늘려라
우리 삶을 채우는 세렌디피티 · 145
눈먼 행운과 영리한 행운 · 148
세렌디피티를 설계하는 법 · 151
세렌디피티를 끌어당기는 6가지 실천 가이드 · 154

3장
삶을 지탱하는 직진의 마인드셋

과거나 미래가 아닌 현재에 집중하라
왜 행동해야 하는가? · 161
그 길을 가지 않으면 후회한다 · 165
거리만 큰 가분수형 인간이 되지 말자 · 167
인사이트 대신 아웃사이트를 추구하라 · 170

직진하는 성장형 마인드
어떻게든 되겠지 · 174
답은 가면서 찾는다 · 177
용기의 값은 지금이 가장 싸다 · 179
당신의 자격은 당신이 만든다 · 183
부탁을 주저하지 말아라 · 187
거절을 거절하라 · 189
외로움도 직진의 일부다 · 192

작은 실천, 큰 도약
다산다사 전략 · 196
못하기 때문에 더 하라 · 198
양적 실행이 질을 만든다 · 200
황홀한 루틴을 즐겨라 · 203
지루함을 견뎌라, 도약은 그 뒤에 온다 · 206
일기로 마인드셋을 설계하라 · 208
즉행의 힘 · 211
5분 법칙 · 214

창조적으로 삶을 설계하라
서사를 바꾸면 행동도 달라진다 · 217
당신답게 살아라 · 220
제대로 한번 날아보자 · 223

1장
나를 바꾼 첫 번째 직진

당신에게 한계란 없다

"선생님, 정말 궁금해요. 수업 때 도대체 무슨 마법 같은 이야기를 해주시기에 우리 아이가 이렇게 확 바뀐 거죠?"

하루 3시간 공부하던 예비 고3이 이제는 12시간 넘게 책상 앞에 앉는다. 나와 함께한 지 한 달 만에 일어난 변화다.

수능 수학을 가르친 지도 어느덧 21년이 되었다. 수학을 쉽게 가르치는 것도 장점이지만, 내가 가장 잘하는 건 학생의 마음에 불을 붙이는 일이다. 한 사람의 삶에 전환점을 만들어주는 것, 그것이 내 교육의 핵심이다.

나는 61만 명의 강사와 157만 명의 학생이 활동하는 국내 1위 수업 중개 플랫폼에서 다년간 전 과목 강사 순위 30위 안에 이름을 올려왔다. 상위 0.005% 강사로 대치동 등 현장에서 학생들을 가르치고 있다. 현재는 〈어웨이큰 아카데미〉 대표로서 성장과 자기계발을 주제로 글을 쓰고 강연하며, 중·고등학교 공교육 현장에서 변화의 가능성을 전하고 있다.

9년 전 가르쳤던 제자가 최근 세무사 시험에 합격했다며 연락을 해왔다. 고3 당시 수포자였던 그는 불과 8개월 만에 수학을 1등급까지 끌어올렸고, 대학 진학 후에도 공부 습관을 이어갔다. 결국 전문직 시험까지 합격한 뒤 "그 시작이 선생님 덕분이었다"며 고마움을 전했다.

이 변화는 단순한 성적 향상이 아니라 방향을 정하고 직진한 결과다. 나는 수많은 반전의 순간마다 같은 결론에 도달했다. 변화는 우연이 아니라 직진의 산물이다. 목표를 향해 한 걸음, 또 한 걸음 내디딘 축적이 마침내 운명을 바꾼다. 이 확신이 나의 교육철학이자 '직진형 인간'의 본질이다.

한 번은 고2 때까지 주 3~4회 술을 마시고 오토바이를 타며 방황하던 학생을 맡았다. 부모님은 깊은 실망과 좌절을 안고 나를 찾아왔다. 나는 그 아이와 진지하게 대화를 나눴고, 조금씩 속마음을 들을 수 있었다.

"지금 제 모습에 만족하지 못해요. 미래가 두려워요. 변하고 싶은데 어떻게 해야 할지 모르겠어요. 부모님은 저를 믿지 않으세요. 그래서 오히려 더 반항하게 돼요."

그 반항심 속엔 인정받고 싶은 갈망이 숨어 있었다. 나는 그 왜곡된 욕구를 다른 방향으로 돌려줘야겠다고 느꼈다. 무엇보다 중요한 건, 곁에서 자신을 진심으로 믿어주는 어른이 있다는 사실이었다. 그 존재만으로도 아이는 위로받고 스스로를 다시 바라보게 된다. 결국 아이는 과거를 정리하고 공부를 시작했다. 그 선택이 변화를 이끄는 출발점이었다. 지금도 제자들에게 '성장 지향적 마인드'를 심어주려 한다. 문제아로 평가받던 아이도 변화의 계기와 꾸준한 자극이 주어지면 달라질 수 있다.

사실 나도 한때는 공부와 거리가 먼 학생이었다. 고등학교 시절, 가끔은 친구들과 몰래 술을 마시며 하루하루를 대충 흘려보냈다. 그런 내가 열아홉 살 무렵, 삶을 대하는 태도가 완전히 달라졌다. 지금의 내가 가능성의 전환을 믿고 잠재력을 깨우는 교육에 몰두하는 것도, 바로 그때 겪은 인생의 반전 덕분이다.

사람이 어떻게 몇 개월 만에 이렇게 완전히 달라질 수 있을까? 사람들은 흔히 "변화는 어렵다"고 말하고, "사람은 안 바뀐다"고

단정 짓는다. 나 역시 그런 이야기를 수없이 들어왔다. 그래서 더욱 그 통념을 깨고 싶었다. 나의 경험이 다른 사람에게도 가능하다는 걸 증명하고 싶었다. 그래서 나는 누군가를 가르치는 길을 선택했다.

내 변화에 대한 관심은 어느새 타인의 잠재력을 깨우는 일로 확장되었다. 20년 넘게 수많은 제자와 함께하며 '청출어람'의 순간들을 만들어 왔다. 무엇보다 '동기부여'는 내 교육에서 가장 강력한 힘이다. 자신을 믿지 못했던 이들, 무기력했던 이들, 성적이 낮아 하위권에 머물던 이들이 방향을 찾고 의지를 다지는 순간 잠재력은 깨어났다. 새로운 시작은 특별한 누군가의 전유물이 아니다. 누구에게나 내재된 가능성이다.

변화에 대한 나의 열정은 강의를 넘어 글로도 확장됐다. 매일 블로그에 글을 올리며 자기계발과 성장에 관한 생각을 꾸준히 나눴다. 30개월 동안 쌓인 글은 수천 편이 되었고, 어느새 구독자는 3만 명 가까이에 달한다. 많은 독자들이 글을 읽고 "다시 시작할 용기를 얻었다", "삶을 낙관적으로 바라보게 됐다"고 말한다. 강의에서도, 글 속에서도 '직진의 힘'을 전하고 있다.

변화와 성장을 이끄는 힘은 어디에서 오는 걸까? 그 열쇠는 직진에 있다. 직진이란 방향을 분명히 세우고 멈추지 않는 꾸준한 행동이다. 직진형 인간은 주변의 소음과 유혹에 흔들리더라도 자신만의 길을 묵묵히 걷는다. 타인의 기준이 아니라 자기 내면의 목소리에 귀 기울이며, 그 울림을 따라 전진한다. 자기만의 중심을 세우고, 가능성을 믿으며, 잠재력을 실현하는 사람. 끝내 삶을 온전히 '자신의 것'으로 만들고 마는 존재, 그가 바로 직진형 인간이다.

"하늘을 날고 싶은 충동이 느껴지는 순간, 누가 느릿느릿 걸어가고만 있겠는가!"

헬렌 켈러의 말처럼, 우리 안에 열망이 솟구치는 순간에는 머뭇거림도, 두려움도 걸림돌이 되지 않는다. 그 순간, 우리는 앞으로 나아갈 수밖에 없다. 멈추지 않고 나아가는 사람에게 길은 반드시 열린다. 그리고 그 길 끝에서 당신은 직진형 인간이 되어 있을 것이다.

그날, 삶의 방향이 달라졌다

"엄마, 나 대통령이 될 거야."

열아홉 살 어느 날, 불쑥 말했다. 어머니는 웃으며 답했다.

"대통령이 되려면 특별하게 태어나야 돼. 너 낳을 때는 태몽도 없었어."

나는 제주도 남쪽 끝의 작은 농어촌 마을에서 자랐다. 자동차보다 경운기와 스쿠터가 더 많이 다니는 곳이었다. 귤나무에 주렁주렁 열린 열매 너머로 푸른 바다의 지평선이 펼쳐졌다.

나는 중학교 때까지도 부끄러운 줄 모르고 알몸으로 하천에서 수영하며 놀았다. 아버지는 여름이면 바다로 나가 고기를 잡고, 겨울이면 밭에서 귤을 수확하셨다. 부모님처럼 평생 고향에서만 살 거라 믿었다. 주변에는 스스로 운명을 개척할 수 있다는 이야기를 들려주는 어른이 없었고, 태어난 곳에서 쭉 사는 것이 당연하다고 여겼다.

10대 시절 방학은 늘 일을 해야만 했다. 특히 겨울방학에는 새벽 6시에 일어나 저녁까지 밭에서 일했다. 비가 와서 일을 못 하는 날이면 속으로 쾌재를 부르곤 했다. 몸 쓰는 일에 서툴렀던 나는 아버지께 자주 야단을 맞았다.

고1 때 성적은 전교 꼴찌에 가까웠을 정도로, 그 무렵의 나는 자아나 미래에 대한 고민이 거의 없었다. 특별히 잘하거나 좋아하는 것도 없었다. 다만 하기 싫은 일만큼은 분명했다. 바로 밭일이었다. 공부가 마냥 즐겁진 않았지만, 적어도 밭일보다는 나았다. 그 시절, 어른이 된다는 것은 하고 싶지 않은 일을 참고 견디는 일이라 생각했다.

사춘기 무렵부터 우울한 마음이 조금씩 생겨났다. 중학생 때부터 인생이 즐겁다고 느껴본 적이 없었다. 고2 봄, 반 친구들이 돌아가며 꿈을 말하는 시간에 나는 이렇게 말했다.

"저는 꿈이 없습니다. 그냥 서른 살까지 살아보는 게 목표예요."

그건 농담이 아니었다. 삶에 특별한 의미를 두지 않았고, 미래를 준비할 이유도 느끼지 못했다. 행복도 기대도 없었다. 태어났으니 살아가는 것, 그게 전부였다. 공부할 의지가 있을 리 없었다. 수업 시간엔 낙서를 하거나 졸았고, 온라인 게임에 빠져 지냈다. 시험 기간엔 도서관에 간다고 말하고 PC방으로 향했다.

그해 가을, 경운기를 몰고 지나가던 동네 형과 마주쳤다. 나보다 대여섯 살 많은 형이었지만 그 모습이 어쩐지 낯설게 느껴졌다. 그 순간, 마음속에 이상하리만큼 또렷한 감정이 일었다.

'고향을 떠나 새로운 삶을 시작해 보고 싶다.'

그전까지 내가 품었던 욕망은 대부분 게임처럼 순간적인 자극에 불과했다. 하지만 그날, 평범한 풍경 속에서 처음으로 다른 삶을 상상했다. 내 안에서 무언가가 꿈틀거리기 시작했다.

어느 날 바람이 방향을 바꾸듯, 알 수 없는 충동이 마음 깊은 곳에서 일렁였다. 무채색 같던 삶에 균열이 생겼다. 변하고 싶었지만 잘하는 게 없으니 현실적인 길은 공부뿐이었다. 그해 가을부터 독서실에 다니기 시작했다. 고2 마지막 모의고사 성적은 수학 30점, 영어 28점으로 총점 400점에 180점이었다. 점수는 처참했지만 이제 막 출발선에 선 듯한 마음으로 스스로를 다독였다.

성적은 바닥이었고, 나를 기대하는 사람도 없었다. 그럴수록 스스로를 믿어야 했다. 고3을 앞두고 처음으로 미래가 실감 났고, 그 미래를 바꾸고 싶다는 열망이 강하게 솟구쳤다. 그 순간, 어머니 앞에서 호기롭게 말했다.

"나, 대통령이 될 거야."

누구도 내 안에 가능성이 있다고 말해 주지 않았다. 나 역시 스스로를 특별하다고 느끼지 못했다. 하지만 그 순간만큼은 근거 없는 자신감을 믿어보기로 했다. 아직 방향은 불확실했지만 앞으로 나아가려는 힘이 분명히 느껴졌다. 그때 내 안의 바람이 조용히 다른 길로 향했다. 그 움직임이 내 인생의 첫 번째 직진이었다.

죽어라 공부, 첫 번째 도약

"엄마, 서울 올라가면 죽어라 공부만 하고 돌아올게."

고2 겨울방학, 처음으로 제대로 공부해 보기로 했다. 마침 가장 친한 친구가 노량진 고시원에 함께 가자고 제안했다. 어머니는 형편을 걱정하며 차라리 동네 절에 들어가 공부하라고 하셨지만, 내 안에는 이미 '새로운 세계'에 대한 갈망이 자라고 있었다. 서울에 가서 죽어라 공부만 하겠다고 약속하고서야 겨우 허락을 받았다.

반면, 담임 선생님은 어머니께 전화를 걸어 강하게 반대했다.
"서울에 보내시면 안 됩니다. 공부는 안 하고 놀다 올 겁니다."

친구들도 회의적인 반응을 보였다.

"이미 늦었어. 지금 한다고 어떻게 따라잡겠어?"

그런 말들이 오히려 각오를 더 단단하게 만들었다. 그때 처음으로 '내 인생을 내가 책임져야 한다'는 생각이 들었다. 아무도 나를 믿지 않기에 이제는 나만이라도 나를 믿어야 했다.

겨울방학이 시작되자마자 친구와 함께 서울로 올라갔다. 우리가 머문 곳은 노량진의 한 고시원이었다. 공무원 준비생이 많은 곳이라 조용한 긴장감이 감돌았다. 두 달 동안 폐관수련하듯 공부에만 몰두했다. 처음엔 하루 10시간이 한계였다. 하지만 보름쯤 지나자 집중력도 오르고 체력도 붙으면서, 하루 15시간 이상 책상 앞에 앉아 있을 수 있었다. 불과 얼마 전까지만 해도 하루 3시간도 버거웠는데, 이제는 전혀 다른 사람이 된 듯했다. 변화의 의지와 환경의 힘이 맞물린 결과였다.

겨울에 책상 앞에 앉아 있던 건 그때가 처음이었다. 노량진으로 올라오지 않았다면, 제주도 귤밭에서 부모님 일을 돕고 있었을지도 모른다. 그동안 멀리하던 공부를 다시 해보니 일과는 전혀 다른 느낌이었다. 그때 조용히 집중하는 시간이 내게 훨씬 잘 맞는다는 걸 알게 됐다.

졸음이 몰려오면 공용 샤워실에서 냉수욕을 했다. 차가운 물줄

기가 온몸의 감각을 깨웠다. 목표를 향해 나아간다는 확신과 성취감이 밀려왔다. 그 순간이 내 삶을 바꿔 놓는 출발점이 되었다. 늘 수동적으로만 살아왔던 내가 드디어 껍질을 깨고 나왔다. 처음으로 삶의 직진을 경험한 순간이었다.

두 달간의 독학을 마치고 제주도로 돌아왔을 때, 나는 예전과 전혀 다른 사람이 되어 있었다. 수업 시간에도, 급식 줄에서도, 버스를 기다릴 때도 단 1분도 허투루 쓰지 않았다. 늘 수첩을 들고 다니며 배운 내용을 되새겼다. 그저 공부를 잘하고 싶은 마음 때문만은 아니었다. 삶을 바꾸겠다는 절박함이 나를 움직였다. 스스로 변해가는 모습에서 묘한 보람도 느꼈다. 목표가 분명해지자 행동은 자연스럽게 습관이 됐다. 억지로 의지를 다잡은 게 아니었다. 선생님들은 내가 열심히 하는 모습을 다른 학생들에게 본받으라고 했다. 살면서 처음 듣는 진심 어린 칭찬이었다.

성취감은 마치 중독처럼 강렬했다. 매일 16~17시간을 공부하며 모든 방해를 끊고 목표를 향해 달렸다. 직진의 감각은 이어졌고, 고3 생활을 전교 1등으로 마무리했다. 하위권에서 시작해 10개월 만에 거둔 성과였다.

그러나 진정한 성취는 성적 향상이 아니었다. 직진은 한 인간을 송두리째 바꿔 놓는 경험이었다. 태도는 성숙해졌고 세상을 바라보는 관점도 달라졌다. 공부는 지식을 쌓는 일이 아니라, 존재를 바꾸는 배움이라는 걸 깨달았다.

그 변화는 수능 이후에도 이어졌다. 수능이 끝나면 실컷 놀 줄 알았다. 그런데 이상하게도 수학 문제집을 꺼냈다. 친구들은 나를 미친 사람처럼 쳐다봤지만 상관없었다. 예전엔 게임이 좋았는데, 이제는 공부하거나 책 읽는 시간이 더 즐거웠다. 내 안에서 처음으로 성장 욕구가 고개를 들었다. 이제는 스스로 선택하고 움직일 수 있는 사람이 되어 있었다.

그때까지 진심으로 노력해 본 적이 없었다. 그러나 전념할 목표가 생기자 달라졌다. 우직한 직진의 힘을 깨달았다. 그것은 단순한 습관의 변화가 아니었다. 생각과 태도, 삶의 궤도를 바꾸는 전환이었다.

변화의 불씨를 품고 정면을 응시하는 순간, 직진형 인간이 태어난다. 직진은 내가 나를 이끌어가는 삶이다. 그것은 과거의 나를 벗어나 스스로 다시 태어나는 선택이다. 그 선택은 한 사람의 삶을 완전히 새로 쓰게 한다.

평가에 갇힌 나를 넘어서는 순간

"이 멍청아, 이것도 똑바로 못 하냐?"

아버지는 뱃사람이자 농사꾼이었다. 성격이 급하고 말투도 거친 편이셨다. 10대 시절의 나는 행동이 느리고 말귀를 잘 알아듣지 못했다. 귤을 상품과 비상품으로 나누는 일조차 한참을 들여다보며 우물쭈물했다. 그런 나를 보며 아버지는 자주 호통을 치셨다. 어린 나에게 아버지는 어렵고 무서운 존재였다. 그래서 아버지가 일을 시키면 잘 이해하지 못해도 일단 "네"라고 대답했고, 막히는 순간엔 어김없이 꾸지람을 듣곤 했다.

어린 시절 아버지에게 칭찬을 들어본 기억은 거의 없다. 공부를 못하던 내가 1등을 해도, 혼자 힘으로 대학에 붙어도 "수고했다"는 말 한마디 없으셨다. 그만큼 감정 표현에 인색하신 분이었다. 그렇게 20년이 지나, 첫 책을 내고서야 비로소 "잘했다"는 말을 들었다. 자식이 책을 냈다는 사실이 대견하셨는지, 친척들에게도 나눠주시겠다고 하셨다. 그 한마디를 듣기까지 참 오래 걸렸다.

오랫동안 스스로를 무능하다고 생각했고, 앞으로도 잘하는 일은 없을 거라 여겼다. 자존감은 바닥이었고, 누군가의 칭찬이나 격려 또한 받지 못했다. 그러다 공부를 통해 처음으로 자신을 다시 보게 됐다. 그때 처음으로 깨달았다.

'나는 멍청하지 않았다. 단지 맞지 않는 일을 하고 있었을 뿐이었다.'

고3 시절, 늦게나마 변화를 선택했다. 그 선택의 순간 잠재력이 깨어났다. 가르치는 일, 글을 쓰는 일, 새로운 것을 파고드는 과정 속에서 내 안의 가능성이 드러났다. 만약 그때 직진하지 않았다면, 여전히 스스로를 무능하다고 믿었을 것이다. 자존감은 외부의 말이나 환경이 아니라, 오직 행동이 결정한다는 것을 깨달았다. 아무리 가까운 사람이라도 나를 규정할 수 없다. 행동이 바뀌면 세상도 나를 새롭게 본다.

30개월 전, '파워 블로거가 되겠다'며 블로그를 다시 시작했다. 주변에서는 시간 낭비라며 회의적인 반응을 보였다. 하지만 해보니 의외로 나와 잘 맞았고, 짧은 기간에 블로그 이웃 수가 3만 명 가까이 되었다. 공부도 마찬가지였다. 하기 전엔 싫었지만 하다 보니 즐기게 됐다. 남을 가르치는 일도 우연히 시작했지만, 배움을 전하고 동기를 주는 일이 천성에 맞다는 걸 알게 됐다.

우리는 자기 안에 어떤 잠재력이 있는지 모를 때가 많다. 학창 시절 글쓰기를 좋아한 적도, 제대로 써본 적도 거의 없었다. 억지로 쓰던 일기와 투덜대며 쓰던 독후감이 전부였다. 그런데 지금은 작가가 되었다. 뜻밖의 재미도, 적성도 글을 쓰며 알게 됐다. 해보기 전에는 모른다. 직접 부딪쳐야 삶의 반전도 시작된다.

우리는 앞으로 나아가는 행동 속에서 비로소 자존감의 기반이 되는 잠재력을 발견한다. 누가 뭐라 정의하든, 우리는 그 정의를 행동으로 증명하며 다시 써 내려갈 수 있다.

지금까지 스스로 규정해온 정체성과 잠재력, 그게 정말 전부일까? 타인의 평가 속 '당신의 모습'은 과연 진짜일까? 아니다. 평범하거나 무능하게 느껴지는 지금의 모습이 전부는 아니다. 다른 분야에서는 놀라운 능력을 발휘할 수 있다. 어쩌면 당신조차 모르는 가능성이 숨어 있을지도 모른다.

잠재력은 정지된 상태에서는 드러나지 않는다. 움직일 때 깨어난다. 자존감 역시 스스로 만들고 채우는 것이다. 타인의 말, 과거의 실수, 당장의 평가에 갇히지 마라. 행동이야말로 자신을 다시 정의하는 힘이다. 그것이 진정한 자존감이며, 직진하는 삶이다.

잠재력은 움직일 때 깨어난다

달릴 힘은 있는데, 달릴 기회가 없다면 얼마나 답답할까?

어릴 적 내가 살던 제주도에는 마당에서 개를 기르는 집이 많았다. 어떤 집은 강아지를 풀어 키워 자유롭게 돌아다니게 했고, 어떤 집은 줄로 묶어 집을 지키게 했다. 우리 집 강아지는 늘 풀어두었기에 학교까지 따라왔고, 때로는 교실까지 들어와 쫓아내야 했다.

풀어놓고 기르던 개들은 동네를 누비며 먹고, 자고, 놀았다. 행동의 자유가 있었다. 반면 줄에 묶인 개들은 마당 한편을 맴돌며 주는 먹이를 받아먹고, 조용히 자기 구역만 지켰다. 하루 대부분을 지루한 듯 누워 있다가 꼬리로 파리를 쫓거나 대문 밖을 멀뚱히 바라봤다. 그 개는 본능적으로 마음껏 뛰놀고 싶었지만 '집을 지키는 개'라는 역할에 갇혀 그 힘을 다 쓰지 못했다. 외부인을 향해 짖고 으르렁대는 순간만이 그 에너지의 유일한 출구였다.

힘차게 달릴 힘은 있지만 그 힘을 쓸 기회조차 없는 개들을 보며 안쓰러움을 느꼈다. 줄에 묶여 산책조차 마음껏 하지 못하는 삶이 얼마나 답답할까. 만약 개가 아니라 사람이라면 과연 버틸 수 있을까?

그 물음은 곧, 삶이 어딘가 비어 있는 듯한 허전함으로 이어진다.

'이게 정말 원하는 삶일까? 내 안에 더 나은 무언가가 있지 않을까?'

그러나 곧 또 다른 속삭임이 들려온다.

'굳이 더 애써야 할까? 이만하면 됐지. 지금이 오히려 편한걸.'

잠재력을 향한 열망과 익숙한 체념 사이에서 우리는 망설인다. 그리고 때로는 가능성을 외면한 채 살아가기도 한다. '잠재력 발휘'라는 말은 기대와 두려움을 동시에 안겨준다. 온전히 펼쳐내고 싶은 갈망은 분명하지만 막상 실현하는 과정은 쉽지 않다. 하고 싶은 마음과 선뜻 나서지 못하는 망설임 사이에서 우리는 갈등한다. 어쩌면 잠재력은 욕망이자 동시에 짐이다. 그 힘을 끝내 써보지 못했을 때 그 무게에 더 깊이 눌린다.

지금 우리는 "무엇이든 할 수 있고, 될 수 있다"는 말을 끊임없이 듣는다. 선택지가 넘쳐나는 만큼 부담도 커졌다. "네 안에 잠든 거인을 깨워라", "네 미래를 스스로 창조하라"는 격려가 누군가에게는 동기가 되어 꿈을 현실로 만들게 한다. 하지만 모든 사람이 그렇게 반응하는 건 아니다. 어떤 사람은 자신 안에 무엇이 있는지조차 알지 못하고, 설령 알아도 그 가능성을 꺼내는 방법은 막막하다. 그러다 초조함이 커지고, '나는 왜 아직 해내지 못했을까?'라는 자책과 무력감이 쌓인다. 결국 자존감마저 흔들린다.

잠재력은 늘 두 얼굴을 지닌다. 하나는 기회가 있음에도 도전하지 않으면 회한이 남는 것이다. 쓰이지 않은 능력, 묵혀버린 가능성을 떠올릴수록 아쉬움은 커진다.

"충분히 할 수 있었는데도 겁이 나서 그냥 피했어."

"상황이 완벽하지 않다는 핑계로 망설이다가 결국 타이밍을 놓쳤어."

누구에게나 이런 후회 하나쯤은 있다. 그때 조금만 더 용기를 냈다면, 지금의 삶은 달라지지 않았을까? 결국 사람을 가장 무겁게 짓누르는 건 실패가 아니라, 시도조차 하지 않은 일에 대한 후회다.

  다른 하나는 잠재력을 실현해 가는 과정 자체가 또 다른 짐이 된다는 점이다. 그 길은 어렵고 고통스럽다. 그래서 어떤 이는 그 무게를 피하려고 아예 자신의 가능성 자체를 외면해 버리기도 한다. 잠재력은 누구에게나 존재하지만 아무나 펼칠 수 있는 것은 아니다.

  비록 그 길이 고되고 불확실해 보여도, 잠재력을 향한 여정은 결국 자아실현으로 이어진다. 우리는 그 길 위에서만 '진정한 나'와 마주친다. 행동한다면 잠재력은 자산이 되고, 실행하지 않는다면 가장 무거운 짐이 된다.

  무엇인가를 얻으려면 반드시 내어놓아야 할 것이 있다. 바로 시간과 헌신이다. 시간이 씨줄이 되고 헌신이 날줄이 되어 꾸준한 과정이 직조된다. 그렇게 쌓인 꾸준함이 잠재력을 터뜨리며 새로운 길을 연다. 잠재력을 발휘하기 위해서는 과거와의 결별도 필요하다. 결국 언젠가는 선택해야 한다. 멈출 것인가, 직진할 것인가. 그 순간 우리는 미래를 향해 한 걸음을 내딛어야 한다.

  헤르만 헤세는 《데미안》에서 주인공 싱클레어의 말을 빌려 이렇게 말했다.

"지금 난 알고 있다. 인간은 자기 자신을 향해 나아가는 일보다 더 하기 싫은 일은 없다는 것을!"

그렇다. 인간은 때로 진정한 자신을 향한 길을 무엇보다 피하려 한다. 잠재력은 우리에게 자유를 주지만, 때로는 무거운 짐이 되기도 한다. 결국 잠재력의 실현은 자기 자신을 향해 가는 여정이다. 묶인 채 안주할 것인가, 아니면 보이지 않는 줄을 끊고 가능성을 향해 달릴 것인가. 선택은 언제나 우리에게 있다. 그리고 그 길 위에서 우리는 비로소 '자기 자신'이 된다.

수동을 버리고, 능동을 택하다

청소년 시절 나는 의지박약이었다.

학교에서 오래달리기를 하면 늘 꼴찌였다. 초반에는 호기롭게 달리다가 금세 지쳐 걷기 시작했고, 곧 친구들에게 하나둘 추월당했다. 무언가를 꾸준히 해본 적이 없었다. 중학교 1학년 때, 친구들을 따라 농구부에 들어갔지만 훈련이 힘들다는 이유로 사흘 만에 그만뒀다. 가장 자주 내뱉던 말은 "몰라"였다. 가족이나 친구들이 무슨 일을 묻든 "몰라, 알아서 해"로 대답하며 책임을 미루고 선택을 회피했다. 의욕도, 근성도, 자기 주장도 없었지만 마음 한

구석에는 달라지고 싶다는 갈망이 있었다.

열아홉 살이 되면서 처음으로 실행에 나섰다. 나의 첫 번째 직진은 수능 공부에 전념하는 것이었다. 그 선택은 단순한 입시 준비가 아니라, 삶 전체를 바꾸는 전환점이 됐다. 나를 바꾼 건 입시 공부 자체가 아니라 어떤 일에 몰입해본 경험이었다. 공부하는 시간이 즐겁게 느껴졌고, 한계를 넘어설 때마다 보람이 따라왔다. 무엇보다 처음으로 삶의 방향을 정하고 전념했다는 사실이 뜻깊었다.

그 변화를 보여주는 일이 있었다. 한 번은 생물 수업 시간이었다. 생물 선생님이 내가 수학 문제를 푸는 걸 보시고, 수업이 끝난 뒤 교무실로 부르셨다. 처음엔 수업에 집중하지 않는다며 꾸중하셨다. 단도직입적으로 말씀드렸다.

"정시에 집중하고 있고, 수능 준비에 사활을 걸었어요. 이미 내신은 너무 늦은 것 같아요. 여기에 최선을 다할 테니 도와주시면 좋겠습니다."

그전엔 상상도 못 한 모습이었다. 신기하게도 내 이야기가 선생님의 마음에 닿은 듯했다. 꾸중으로 시작된 대화는 격려로 마무리됐다. 목표에 대한 전념은 사람을 변화시킨다. 태어나서 가족이 아닌 누군가에게 적극적으로 부탁한 건 그때가 처음이었다. 그 순간만큼은 소심함보다 절박함이 앞섰다.

당시 집안 형편상 새 교재를 살 여유가 없었다. 친구들이 버린 문제집을 주워 다시 풀었다. 어떤 건 휴지통에서 꺼냈고, 어떤 건 직접 친구에게 달라고 했다. 그렇게 모은 문제집을 적게는 세 번, 많게는 다섯 번씩 반복해 풀었다. 다양한 교재를 살 수는 없었지만, 오히려 한 권 한 권을 깊이 파고든 덕분에 실력은 더 단단해졌다.

간절한 목표 앞에서는 수동성이 사라지고 능동성이 자리 잡는다. 그 절실함이 행동을 바꾸고, 행동은 결국 기회를 끌어온다. 고3 시절, 그 진실을 온몸으로 처음 느꼈다. 목표를 세우고 전념하며 매일 실행하면 삶은 변한다. 그 순간부터 삶에는 방향이 생긴다. 직진은 머뭇거리던 사람이 결국 스스로 길을 만들어 가는 방식이다.

스무 살이 되었을 때 집안이 파산했지만, 잘 뚫고 나갈 수 있다는 묘한 자신감이 있었다. 고3 때 직진했던 경험 덕분이었다. 불평은 줄이고 할 수 있는 일에 집중했다. 그것이 바로 직진의 힘이었다. 직진은 가고 싶은 방향을 정하고, 흔들림 없이 전념하는 태도다. 그렇게 밀고 나가면 존재 자체가 달라지고, 이전과는 다른 사람이 된다.

직진은 실존이라는 강물로 뛰어드는 일이다. 물가에서 망설이며 발끝만 적시는 건 잠재력의 표면만 스치는 것에 불과하다. 본질적인 변화는 깊은 물속에서 일어난다. 잠재력의 강물에 몸을 던지는 순간, 물이 우리를 감싸며 새로운 가능성으로 이끈다. 그때는 자기검열과 의심을 내려놓고 온몸으로 뛰어들어야 한다. 그 물살 속에는 무수한 가능성이 흐른다. 흐름에 몸을 맡기는 순간, 우리는 스스로를 바꾸는 힘과 마주하게 된다. 그리고 그 힘은, 직진하는 자만이 얻을 수 있다.

역경은 내면을 단련한다

"앞으로 평생 절뚝거리며 살게 될 수도 있어."

군 복무 중, 예기치 못한 사고로 발목이 크게 부러졌다. 급히 국군 수도병원으로 이송돼 수술을 받았다. 전날까지만 해도 멀쩡하던 20대 청년에게 "불구가 될 수도 있다"는 군의관의 말은 절망 그 자체였다. 며칠 동안은 새벽마다 창밖으로 뛰어내리고 싶을 만큼 통증이 극심했다. 처음엔 '왜 하필 나인가'라는 억울함이 밀려왔고, 곧이어 '생일날 운도 참 지독하네' 하는 쓸쓸한 웃음이 따라왔다. 그러나 이내 마음을 추슬렀다.

세 번의 수술 끝에 다행히 장애는 남지 않았고, 재활도 순조롭게 진행됐다. 몸은 예전 같지 않았지만 마음은 오랜만에 고요했다. 외부와 단절된 병실 침대에서 책을 읽고 생각을 기록했다. 그 시간은 삶을 다시 들여다보게 했다. 축구나 거친 달리기는 더 이상 할 수 없게 됐지만 대신 더 오래 앉아 글을 쓰고, 깊이 생각하는 힘을 얻게 됐다. 그 시간을 신세 한탄으로 흘려보내지 않고, 내면을 단련하는 기회로 삼았다. 불운에 휘둘리지 않고 버틸 힘이 내 안에 있었다는 걸 깨달았다.

직진형 인간은 언제나 미래를 향한다. 그래서 쉽게 무너지지 않는다. 회복 탄력성은 선천적인 자질이 아니라, 고난 속에서 후천적으로 단련된다. 나 역시 그 과정을 거치며 단단해졌다. 덕분에 사고 이후의 여러 위기 속에서도 중심을 잃지 않고 나아갈 수 있었다. 그 경험은 제자들을 대하는 방식에 큰 영향을 주었다.

제자들을 가르치며 나는 그들이 맞닥뜨리는 다양한 역경을 본다. 부모님의 병이나 집안 형편의 악화, 이혼과 가정폭력, 그리고 우울증 등으로 힘겨워하는 학생들이 적지 않다. 그런 제자들을 만날 때마다 나는 이렇게 말한다.

"지금은 비극처럼 보여도, 이 고비를 넘으면 새로운 길이 열린다. 여기서 공부로 길을 만들어보자."

비극 앞에서도 꿋꿋하게 성장하는 학생들이 있다. 어머니의 암 투병을 계기로 공부해 효도하겠다며 하루 16시간씩 몰두하던 재수생이 있었다. 서울권 진학도 어려웠던 실력이었지만, 1년 만에 연세대에 합격했다. 또 다른 제자는 초등학교 때 심장병 수술을 받았고, 고3이 되어서도 간헐적인 통증에 시달렸다. 수업 중 기절해 입원까지 했지만 끝까지 포기하지 않았다. 결국 수능 수학 7등급이던 성적을 10개월 만에 1등급으로 끌어올려 원하던 대학에 진학했다.

직진형 인간은 단지 꿈꾸는 사람이 아니다. 그 꿈을 실현할 준비가 된 사람이다. 굴복 대신 전진을 선택하고, 벽 앞에서도 멈추지 않는다. 부수든, 넘든, 돌아가든, 결국 나아간다. 죽음처럼 절대적인 문제가 아니라면 방법은 있다. 역경은 우리 안에 숨어 있는 힘을 끌어내기 위한 초대장이다. 직진형 인간은 그 초대에 응답하고, 끝내 길을 만든다.

고르디우스의 매듭을 잘라라

삶의 가장 큰 문제는 대개 매듭처럼 얽혀 있다.

스무 살 무렵, 자기계발서뿐 아니라 역사소설도 즐겨 읽었다. 《삼국지》, 《열국지》, 《플루타르크 영웅전》, 《로마인 이야기》 같은 책 속 인물들은 내게 의지를 심어주었고, 정치인이나 기업가의 평전에서는 역경을 이겨내는 힘을 배웠다. 그중에서도 마음을 사로잡은 이야기는 알렉산더 대왕이 풀었다는 '고르디우스의 매듭' 신화였다. 당시 복잡한 현실을 단번에 끊어낼 결단이 필요했고, 쾌도난마의 상징인 그 이야기는 강렬하게 다가왔다.

고르디움은 고대 프리기아의 수도이자 전략적 요충지였다. 제우스 신전 밖에는 줄의 시작과 끝이 보이지 않을 만큼 복잡하게 묶인 소달구지가 있었다. 전설에 따르면 이 매듭을 푸는 자가 아시아를 지배하게 된다고 했다. 수많은 이들이 도전했지만 누구도 풀지 못했다.

기원전 333년, 고르디움에 도착한 알렉산더는 매듭을 풀겠다고 나섰다. 일부 장군이 만류했지만, 그는 주저하지 않고 신전으로 향했다. 알렉산더가 매듭 앞에 서자, 장군들은 숨을 죽이며 지켜봤다. 그 순간 그는 머릿속으로 여러 가능성을 그려봤을 것이다. 정공법으로 풀 수도, 다른 방식을 시도할 수도 있었다. 그러나 알렉산더는 가장 단순하고 확실한 선택을 했다. 칼을 뽑아 단숨에 매듭을 끊은 것이다. 사람들은 정교한 해법을 기대했지만 그는 풀지 않았다. 반칙처럼 보였을지 몰라도 그 결단은 본질을 꿰뚫는 직관이자 정면 돌파의 상징이 되었다. 알렉산더는 그렇게 제국을 세웠고, 그 선택은 곧 헬레니즘 문화의 서막을 열었다.

지금도 복잡한 상황에 부딪히면 이 이야기가 떠오른다. 삶이 미궁처럼 느껴질 때는 대개 과도한 고민이 원인이다. 결단 없이 시간을 끌다 보면 문제의 주변만 맴돌 뿐, 결국 아무것도 해결하지 못한 채 시간과 에너지만 소모된다. 우유부단은 신중함이 아니라 회피일 뿐이다.

해답은 의외로 단순하다. 복잡함에 휘둘리지 말고, 행동으로 잘라내야 한다. 최악은 아무 시도도 하지 않는 것이고, 차악은 조금 하다 그만두는 것이다. 최선은 끝까지 밀고 나가는 직진이다.

지금 당신을 묶어둔 매듭은 무엇인가? 머릿속으로 하겠다고 다짐했지만 여전히 망설이며 미뤄두고 있는 그 일, 그것이 바로 당신의 고르디우스의 매듭이다. 그 두려움의 끈을 끊을 칼은 이미 당신 손에 있다. 필요한 건 단 한 번의 결심과 단칼의 실행이다.

풀지 못할 문제는 없다

내가 처음 잘라야 했던 고르디우스의 매듭은 '물질적 빈곤'이었다.

스무 살, 집안의 파산으로 대학 진학은커녕 생계를 걱정해야 했다. 우수한 성적이었지만 주변에서는 현실적인 타협을 권했다. 수능을 다시 봐서 4년 장학금을 받고 지역 국립대에 가거나, 공무원 시험을 준비하라는 것이었다. 부모님도 안정적인 직장을 바랐다. 그러나 어떤 상황에서도 내 길을 가기로 했다.

삶은 언제나 두 갈래 길을 내민다. 하나는 꿈과 이상으로 현실을 바꾸는 길이고, 다른 하나는 현실에 맞춰 꿈을 깎아내는 길이다.

나는 주저하지 않고 전자를 선택했다. 형편이 어려우니 스스로 돈을 벌어서라도 대학을 가야겠다고 결심했다.

고3이 끝날 무렵, 우리 집은 이미 다른 사람 손에 넘어가 있었다. 집을 잃은 우리는 남의 집을 전전하다가 결국 시골의 낡은 집으로 이사했다. 전입보다 전출이 많은 동네에는 폐가가 많았고, 그중 한 채를 임대해 살았다. 우리 밭도 남의 땅이 되어 있었다. 그곳에서 농사를 지으며 수익의 일부를 새로운 땅 주인에게 돌려줘야 했다. 수능이 끝난 뒤에는 밭일을 도우며 겨울을 보냈다. 오랫동안 우리 땅이었던 곳에서 여전히 일해야 한다는 사실은 견디기 힘들었다.

어릴 때부터 가난에 익숙했기에 생활고는 버틸 수 있었다. 하지단 매일 반복되는 부모님의 다툼은 마음을 무너뜨렸다. 비관적인 마음에 지배당하지 않으려고 독서와 공부에 더 몰입했다. 아르바이트를 마친 후, 도서관에서 공부하며 빵으로 끼니를 때우거나 자판기 커피에 과자를 찍어 먹으며 허기를 달랬다.

어머니는 "남들처럼 공부만 할 수 있는 환경이 못 되어서 미안하다"고 하셨다. 나는 "괜찮아요. 지금도 충분히 배우고 있어요"라고 말씀드렸다. 그것은 진심이었다.

불행은 성장으로 밀어 넣는 자극제가 되었다. 처음엔 운명을 탓했지만, 더 이상 굴복하지 않겠다는 결심이 나를 더 굳세게 만들었다. 상황이 어려울수록 이기고자 하는 의지가 강해졌고, 책 속 수많은 극복의 이야기에서 배운 긍정의 힘이 나를 지탱했다. 그때 나는 정면 돌파와 직진의 위력을 확신했다.

'열심히 하면 길은 반드시 열린다.'

그리고 그 믿음은 틀리지 않았다. 현실과 타협할 수도 있었지만 그 길은 내 삶이 아니었다. 시간이 지나서야 친구들이 말했다.

"나도 너처럼 끝까지 부딪혀볼 걸."

필요했던 건 용기가 아니라, '자신의 인생을 살겠다'는 욕망이었다.

내가 잘라야 했던 두 번째 고르디우스의 매듭은, 작가의 길을 가로막고 있던 '내면의 저항감'이었다. 20대 초부터 다독하면서 작가의 꿈을 키웠지만, 현실의 어려움과 생계를 핑계로 도전을 미뤘다. 강사로서 성공했지만 애초에 품었던 꿈은 점점 뒤로 밀렸다. 스무 살에 세운 결심은 잊힌 게 아니라, 20년 가까이 묶여 있었을 뿐이다.

2022년 말, 그 매듭 앞에 다시 섰다. 완벽해지면 시작하겠다는 자기검열을 끊어내고, 블로그에 매일 세 편씩 글을 올렸다. 발목을 붙잡던 '조금만 더 완벽해지면…' 하는 생각을 버리고, 완벽주의라는 보이지 않는 장벽도 부쉈다. 그리고 5개월 만에 출간 제안을 받았다. 문제는 고민이 아니라 결단하지 못하는 마음이었다. 모든 것을 바꾼 변수는 '행동'이었다. 직진으로 나를 옭아매던 매듭은 그렇게 끊어졌다.

망설임을 끊고 결단하라

인생을 바꾸는 순간은 언제나 한 번의 결단에서 시작된다.

내가 끊어낸 두 개의 매듭은 겉보기엔 달랐지만 본질은 같았다. 하나는 '외부의 제약', 다른 하나는 '내면의 저항'이었다. 둘 다 직진을 가로막는 장애물이었다. 그 매듭을 과감히 잘라냈다. 그리고 스무 살에 세운 '희망과 빛이 되는 책을 쓰겠다'는 목표를 다시 붙잡고, 앞으로 나아가기 시작했다. 놀랍게도 한 걸음을 떼자 많은 일이 술술 풀리기 시작했다. 자기검열의 벽을 넘어서는 순간, 마음이 홀가분해졌다.

완벽을 고민하는 '완벽주의'보다는 조금씩이라도 결과를 만들어내는 '완수주의'가 훨씬 낫다. 능력이 부족하더라도 행동하는 사람이 더 나은 성과를 낸다.

시험을 예로 들어보자. 문제를 못 풀었다고 해서 백지를 내는 사람은 없다. 마지막 종이 울리기 전까지 틀리더라도 끝까지 답안을 채워야 한다. 인생도 같다. 완벽하진 않아도 결단하고 시도해야 한다.

지금 미루는 일은 1년 뒤, 10년 뒤에도 여전히 같은 고민으로 남아 있을 것이다. 옳은 선택을 찾느라 시간을 허비하기보다는 내가 한 선택을 옳게 만들기 위해 최선을 다하는 편이 낫다. 아무것도 하지 않으면 어떤 기회도 오지 않고, 망설이는 동안에는 아무 일도 일어나지 않는다.

삶은 본래 엉망이고, 선택지는 모호하다. '확실할 때까지 기다리는 태도'는 독이 된다. 우리를 가장 질기게 붙드는 매듭은 망설임이기 때문이다. 막연하다는 이유로 최상의 선택지를 찾으려 하지 마라. 불완전한 상황 속에서라도 시작해야 한다. 결국 필요한 건 결단이다.

"사회라는 외부 환경은 인간에게 끊임없이 결단을 요구한다."

철학자 쇼펜하우어는 결단을 단순한 선택이 아니라 '결연한 의지'로 정의하며, 마음이 의지를 움직이고 의지가 삶을 움직인다고 했다. 다시 말해, 결단은 삶 전체를 이끄는 원동력이다.

외부 환경은 우리의 의지를 배려하지 않는다. 기다림은 무기력으로 돌아올 뿐이다. 결국 실패란 능력의 부족이 아니라 결단의 부재에서 비롯된다. 그렇기에 삶을 지키고 역경을 돌파하려면 결국 스스로 결단해야 한다. 명확한 결단은 흐트러진 삶을 다시 조율하는 강력한 힘이다.

결단력은 원하는 삶을 위해 반드시 필요한 덕목이다. 지금 당신의 발목을 붙잡고 있는 매듭은 무엇인가? 더는 머뭇거리지 말고, 단칼에 끊어내라. 특별한 변화는 언제나 결단에서 시작된다.

오늘이 아니면, 내일도 없다

"내일, 전 물품 50% 할인!"

어느 가게에 들렀을 때, 출입구 앞에 이런 팻말이 걸려 있었다. 나는 그 문구를 보고, 내일을 기약하며 발길을 돌렸다. 그리고 다음 날 다시 찾아갔다. 하지만 팻말은 여전히 똑같았다.

"내일, 전 물품 50% 할인!"

내일은 결코 오지 않는 시간이다. 내일이 오면 오늘로 바뀌고, 어제의 오늘은 이미 뒤로 물러난다. 결국 우리가 붙잡을 수 있는 건 오직 지금뿐이다. 하고 싶거나 해야 할 일이 있다면 미래의 나에게 맡겨서는 안 된다. 그 미래의 나는 또다시 그다음의 나에게 책임을 떠넘길 것이다. 그러니 현재를 미루지 말고 오늘 시작하자.

완벽한 타이밍을 기다린다고? 조금 더 배우겠다고? 아직은 때가 아닌 거 같다고? 그런 순간은 오지 않는다. '딱 맞는 시간'은 기다리는 게 아니라, 우리가 만들어 가야 한다. 넘어져도 되고, 틀려도 된다. 조금 부족하더라도 지금 시작하자. 부족함은 배워 나가는 과정에서 채워도 늦지 않다.

며칠 전, 스무 살 무렵 썼던 블로그의 백문백답을 우연히 다시 보게 되었다. 그중 꿈 목록에 이런 문장이 있었다.
'30대에 작가 되기.'

결국 목표를 이루었지만 생각보다 오래 걸렸다. 막연히 30대 초반쯤일 거라 여겼지만, 실제로 책을 낸 건 30대 후반이었다. 글을 쓰겠다고 다짐했지만 실행을 차일피일 미루는 사이, 결국 시기는 생각보다 훨씬 늦어졌다. 어렵고 막막하다는 이유로 계속 '내일'을 기다렸다. 내일, 다음 달, 내년. 그렇게 미루다 보니 어느새 20년 가까운 시간이 지나가 버렸다. 놀랍지만 사실이다. 오늘을 내일로 미루는 순간, 세월은 끝없이 흘러가 버린다.

우리는 모두 저마다의 목표와 꿈을 갖고 있다. 하지만 그것을

'언젠가'로 미루며 오늘은 다른 일에 바쁘게 몰두한다. '내일 하자'는 유혹은 달콤하다. 오늘은 편하니까 당장의 불편함을 피할 수 있다. 그러나 지금 변하지 않으면 내일도 달라지지 않는다. 미루는 사람은 시간만 유예하는 게 아니라, 변화와 성장까지 미룬다. 결국 바뀌지 않은 과거의 의식에 갇혀 같은 삶을 반복한다.

예를 들어, 작가가 되고 싶다면 펜을 들어 글을 쓰거나 컴퓨터 앞에 앉아야 한다. 단순히 책만 읽는 것은 본질을 피해 가는 일일 뿐이다. 수험생이라면 책상 앞에 앉아 묵묵히 공부해야 한다. 그런데도 동기부여 영상을 보며 스스로 위로하는 순간, 이미 중요한 일을 뒤로 미룬 것이다.

게으름은 아무것도 하지 않을 때만 드러나는 게 아니다. 중요한 일을 미루고, 비본질적인 일에 몰두하는 것 역시 게으름의 또 다른 모습이다. 우리는 정작 해야 할 일을 미룰 때 가장 바쁘다. 원하는 일에 쏟아야 할 에너지를 사소한 일에 낭비하는 경우가 많다. 목표가 아닌 것에 집착하며 '나는 최선을 다하고 있어, 오늘도 열심히 살았어'라고 착각한다.

이제는 시작해야 할 때다. 우리가 기다리는 '그때'는 바로 '지금 이 순간'이다. 직진형 인간은 내일을 기다리지 않는다. 오늘을 무대로 삼아 전력을 다한다. '내일'이라는 팻말에 속지 말자. 그날은 영영 오지 않을 수도 있다. 변화는 오늘 일어나고, 꿈은 지금 움직일 때만 실현된다. 내일은 없다.

리액션이 아니라 액션으로 살아라

삶 속에 건강한 불만이 있기를 바란다.

현재에 안주하는 사람은 미래를 위해 적극적으로 변화하지 않는다 현실을 바꾸는 힘은 건설적인 불만과 살아 있는 불안에서 비롯된다. 불충분함을 느끼는 감정이야말로 앞으로 더 충만한 삶으로 나아가는 출발점이다. 그 힘이 성취감과 내면의 보람으로 이어진다.

불만을 단순한 불평으로 치부하지 말자. 그것은 삶을 바꿀 수 있는 강력한 에너지다. 불안 역시 결코 피해야 할 적이 아니다. 그 감정은 살아 있음의 증거이자, 우리를 앞으로 움직이는 추진력이다. 불편한 감정에서 출발할 때 우리는 비로소 자기 삶의 새로운 장을 열 수 있다.

직진형 인간은 삶의 불확실성을 감내하고 포용한다. 인생은 본래 불안정하고, 세상은 더더욱 예측 불가능하다. 그 불확실성이 두려워 제자리에만 머문다면 결국 있던 자리마저 잃게 된다. 직진형 인간은 멈추지 않고 앞으로 나아가는 데 주안점을 둔다. 순간에서 순간으로 이동하며 과거에 머물지 않는다.

꿈이든 사랑이든, 일이든 모험이든, 삶에는 우리를 흔들어 깨우는 사건이 찾아온다. 만약 그것이 나를 더 나답게 만드는 일이라면 거기에 모든 것을 걸어야 한다. 그 순간 우리는 짜릿한 희열과 함께 '자기답게 살아간다'는 느낌을 받는다. 가면을 쓰고 살아갈 것인가, 아니면 내가 되고 싶은 나를 선택할 것인가. 망설임 없이 직진할 때, 우리는 꿈꾸던 나를 만날 수 있다. 안전지대를 벗어나 자아실현과 꿈을 향해 나아가는 행위는 삶의 본질적 낭만이다. 직진형 인간은 그 낭만을 행동으로 증명하는 사람이다.

이제는 리액션reaction이 아니라 액션action이 필요하다. 리액션은 주어진 상황에 떠밀리듯 반응하는 태도로 삶의 주도권을 외부에 넘긴다. 인액션inaction은 그보다 더 소극적이다. 아무것도 하지 않음으로써 결국 '하지 않겠다'는 결정을 내리는 것이다. 겉으론 현실을 유지하는 듯 보여도 상황은 서서히 악화된다. 반면 액션은 능동적이다. 스스로 방향을 정하고 의미를 다시 쓴다.

세계적인 리더십 전문가 스티븐 코비는 말했다.

"자극과 반응 사이에는 공간이 있다. 반응을 선택할 수 있는 우리의 잠재 능력이 있는 곳은 바로 그 공간이다. 우리의 성장과 자유는 우리의 반응에 달려 있다."

그 공간에서 우리는 반사적으로 반응할지, 의식적으로 대응할지 선택할 수 있다. 직진형 인간은 그 순간을 흘려보내지 않는다. 자기 삶을 주도적으로 설계하며, 그 길 위에 발자취를 남긴다. 외부 자극에 흔들리지 않고, 의미를 새롭게 해석하며 스스로 방향을 정한다. 언제까지 남이 만든 흐름에 끌려다닐 것인가. 이제는 자기만의 역사를 써야 할 시간이다.

그 길 위에서 선택할 수 있는 태도는 세 가지다. 끌려가는 리액션, 멈추는 인액션, 그리고 이끌어가는 액션. 변화가 필요하다면 택해야 할 건 분명하다. 바로 의지 있는 행동, '액션'이다.

매일 나의 길을 걷는다

많은 이들이 꿈꾸는 길이, 꼭 나의 답이 될 필요는 없다.

지난 20여 년간 대학 입시에서 의대는 광풍에 가까운 인기를 누려왔다. 내가 가르친 제자들 중에도 의대를 목표로 삼는 경우가 많았다. 하지만 그중 일부는 부모나 주변의 권유로 선택한 길이었다.

학생들이 종종 묻는다.

"선생님이 만약 지금 제 나이로 돌아간다면, 의대에 가고 싶지 않으세요?"

나는 단호히 대답한다.

"아니, 공짜로 합격시켜 준다 해도 가지 않을 거야. 의사라는 직업을 존중하지만, 내 성향과 적성에는 맞지 않거든."

이 대답에 놀라는 학생들도 많다. 자신들이 선망하는 직업이라면 누구나 부러워할 것이라 믿기 때문이다. 하지만 제자는 아직 어린 나이다. 세상에는 수많은 길이 존재하고, 그 선택에서 적성과 흥미가 얼마나 중요한지 아직 체감하지 못할 때다.

의사나 변호사 같은 직업의 가치와 의미는 분명하다. 다만 내 꿈은 그 길에 있지 않다. 내가 진정 원하는 건 작가로서의 삶이다. 누군가 "앞으로 읽기와 쓰기를 포기하면 큰돈을 주겠다"고 해도, 주저 없이 거절할 것이다. 독서와 글쓰기는 단순한 일이 아니라, 내 존재를 지탱하는 근원적인 이유이기 때문이다.

사람마다 행복을 느끼는 대상이 다르고, 추구하는 가치도 제각각이다. 직진형 인간은 남이 정해준 길이 아니라 자신이 선택한 길을 걷는다. 우리는 81억 인구 속에서도 저마다 고유한 존재다. 그 고유함이 드러날 때 비로소 삶에 생기가 돌고 힘이 생긴다.

나 역시 글을 쓰고 학생들을 가르칠 때 가장 살아 있음을 느낀다. 반대로 마음이 맞지 않는 일을 할 때는 열정이 쉽게 사그라든다. 그래서 블로그 이름을 [매일매일 나는 나의 길을 간다]라고 지었다. 주체적인 삶을 향한 다짐이 담겨 있다.

문제는 많은 사람들이 자기 뜻을 미루거나 타인의 결정에 기대어 산다는 점이다. 그러면 자기 삶의 주인이 되지 못하고 외부 조건에 흔들린다. "이건 분명 내 인생이다!"라고 말할 수 있는가? 만약 그렇지 않다면 지금 필요한 건 바로 '직진의 자세'다.
  직진형 인간은 누구와도 쉽게 대체될 수 있는 사람이 되기보다, 누구도 대신할 수 없는 존재가 되고자 한다. 남이 정한 길을 따라가기보다 자신만의 궤도를 개척한다. 자기 뜻을 따라 나아가는 삶, 그것이 직진형 인간의 태도다.

  세상에는 오직 자신만이 걸을 수 있는 길이 있다. 단 한 번이라도 그 길 위에 서본 적이 있는가? 마음 깊은 곳의 목소리에 귀 기울이고 그 길을 따라가야 한다. 본질과 일치할 때 비로소 살아 있음을 느낄 수 있다. 그렇다면 이제 선택은 당신의 몫이다.
  직진형 인간은 오늘도 내일도 자신의 길을 걷는다. 그 하루하루가 곧 자신만의 역사가 된다. 그렇게 걷다 보면 언젠가 더 선명한 자기 자신을 만나게 된다. 그것이 직진형 인간이 존재하는 이유다.

2장
삶을 바꾸는 직진의 기술

안전지대를 깨뜨려라

불안을 멈출 수 없다면, 두려움을 향해 달려가라

　스티브 챈들러는 미국의 유명한 연사이자 베스트셀러 작가다. 지금은 동기부여 강연으로 유명하지만, 한때 그는 사람들 앞에서 말하는 일을 심하게 두려워했다. 아무리 노력해도 나아지지 않았고, 차라리 죽는 게 낫겠다고 느낄 정도였다. 어릴 적에는 구술시험 대신 리포트를 몇 배로 제출하게 해달라고 선생님께 애원했을 정도다. 성인이 되어서도 그 두려움은 사라지지 않았다.
　어느 날 그는 운전하다가 라디오를 돌리던 중, 우연히 들은 종교

방송의 설교자 한 마디에 멈춰섰다.

"두려움을 향해 달려가십시오. 곧장 뛰어드십시오!"

다음 날이 되어도 "당신의 괴로움을 향해 돌진하십시오!"라는 말이 머릿속을 떠나지 않았다.

그날 이후 챈들러는 두려움과 맞서기로 결심했다. 연기 수업에도 등록했지만 두려움은 쉽게 사라지지 않았다. 그는 피한다고 해서 두려움이 없어지지 않는다는 사실을 깨달았고, 해법은 정면 돌파뿐임을 체감했다.

그는 "용기의 주성분은 그 일을 해 본 경험이다"라는 에머슨의 말을 떠올렸다. 실패를 감수하면서도 말하기를 계속했고, 경험이 쌓일수록 두려움은 점차 사라졌다. 지금은 그를 부르는 곳이라면 어디든 강연하러 간다. 무대에만 서면 얼어붙던 공포도 더 이상 그를 막지 못한다. 챈들러는 말한다.

"어떤 일을 하는 데 있어서 느끼는 두려움은 그 일을 해야만 치유된다."

나 역시 말하기에 대한 두려움을 오래 안고 살았다. 어릴 적에는 말을 더듬었고, 국어 과목에도 약해 발표 시간은 늘 공포였다. 혹시라도 내 차례가 되지 않기를 간절히 바라곤 했다. 그 트라우마는 성인이 되어서도 이어졌다. 하지만 첫 책을 낸 뒤 인터뷰와 강연 요청이 들어오며 피할 수 없게 됐다. 처음에는 떨리고 두려웠지만 '틀려도 된다. 망신당해도 된다. 그냥 부딪혀 보자!'라는 마음으로 무대에 올랐다. 약점을 숨기기보다 드러냈고, 부족한 화법 대신 진심을 전하려 했다. 그 결과 유명 유튜브에 출연하고, 500명 앞에서 강연하는 무대에도 올랐다. 그 과정에서 내 안의 오래된 두려움이 서서히 풀리기 시작했다. 지금은 꾸준히 대중 강연을 이어가고 있다. 완벽하진 않지만 두려움은 점점 사라졌다. 중요한 건 화려한 말솜씨가 아니라 직면하는 용기였다. 약점을 인정해도 앞으로 나아갈 수 있다는 걸 알게 됐다.

   우리가 느끼는 두려움의 대부분은 실체가 있는 것이 아니라, 머릿속에서 부풀려진 상상일 때가 많다. 자기 의심과 과도한 해석이 뒤섞인 감정으로 막상 맞닥뜨려 보면 별것 아닌 경우가 많다. 일단 부딪혀 보면 두려움은 의외로 쉽게 무너진다. 두려움은 외면한다고 사라지지 않는다. 오히려 그림자처럼 더 집요하게 따라붙는다.

   어릴 적 물에 들어가는 것이 무서웠다. 발끝이 닿는 얕은 물가에서 서성이며, 수영하는 친구들을 바라봤다. 먼저 들어간 친구들이 "겁쟁이"라며 장난스럽게 놀렸다. 부끄러움과 호기심이 한꺼번에 밀려와, 결국 눈을 질끈 감고 물속으로 뛰어들었다. 그런데 놀랍게도 아무 일도 일어나지 않았다. 차가운 물이 온몸을 감싸자, 오히려 물이 친근하게 느껴졌고 금세 친구들과 어울려 놀았다.

두려움을 넘어선 그 순간은 오래 기억에 남았다. 돌이켜보면 누구나 인생에 그런 경험 하나쯤은 있을 것이다. 짧은 순간이지만, 두려움을 마주하고 넘어설 때 삶은 크게 달라진다. 그래서 두려움을 극복하는 가장 확실한 방법은 정면 돌파다. 단 한 번의 용기는 삶을 지탱하는 자산이 된다.

만약 피할 수 있는 두려움이라면 물러서는 것도 괜찮다. 하지만 도망칠 수 없는 운명이라면 지금 부딪혀야 한다. 회피할수록 고통은 길어진다. 성장은 두려움의 틀을 깨는 순간 비로소 시작된다. 그러니 여전히 망설이고 있다면, 눈을 감고 도전의 물속으로 뛰어들어라.

모험극의 주인공은 바로 당신이다

성장을 위해서는 옳다고 믿어온 생각, 익숙한 습관, 안락한 일상의 틀을 넘어서는 순간이 필요하다. 그 순간을 맞이하려면 알지 못하는 불확실한 세계로 뛰어들 용기가 필요하다.

직진형 인간은 안전지대에 오래 머무르지 않는다. 안전지대는 익숙하고 편안하지만, 그 평온은 오래가지 않는다. 내가 멈춰 있는 동안에도 세상은 끊임없이 움직이며 변하기 때문이다. 그렇게 익숙함에 안주하는 사이, 넓고 평온하던 초원의 경계가 조금씩 좁아진다. 결국 경계 너머로 이어지는 길마저 닫혀 버린다. 고립된 공간에서 성장에 대한 갈망은 희미해지고, 생각은 낡아지며, 감정은 단조로워진다.

'나는 지금 만족해'라며 스스로를 달래보지만, 마음 깊은 곳에서는 여전히 가보지 못한 길을 상상한다. 앞으로 나아가지 않으면 뒤로 밀려나는 것이 삶이다. 그래서 우리는 어느 순간 불현듯, 안전지대를 박차고 나가고 싶다는 충동을 느낀다.

우리가 사랑하는 영화와 소설 대부분은 '성장을 향한 여정'을 담고 있다. 특히 영웅이 등장하는 서사를 떠올려보자. 안전지대 comfort zone에 머물던 주인공은 꿈에 대한 열망이나 떠날 수밖에 없는 외부의 압력에 의해 변화를 맞이한다. 주인공은 욕망과 두려움 사이에서 갈등하다가 높은 목표를 향해 나아가기로 결단한다. 이 시점은 운명을 한층 더 도약시키는 티핑 포인트 tipping point다.

그러나 주인공이 처음 맞닥뜨리는 곳은 불확실성으로 가득한 불안지대 fear zone다. 강한 적과 위험이 도사리는 미지의 장소가 주인공을 기다린다. 불안이 팽배한 그곳에서 위기와 갈등을 겪지만,

그 공간은 점차 학습지대learning zone로 바뀐다. 그 과정에서 멘토나 조력자를 만나고, 깊은 깨달음을 얻는 기회를 맞이한다. 주인공은 수많은 시련을 헤쳐나가며 성장하고, 마침내 자기 한계를 넘어 알지 못했던 잠재력을 깨운다. 그리고 비로소 성장지대growth zone에 도달한다.

주인공이 입은 갑옷에는 걸어온 길의 흔적이 새겨져 있다. 갑주 곳곳의 상처는 용기와 인내를 상징하고, 손에 쥔 검은 결단과 지혜를 드러낸다. 이 모든 경험은 주인공을 더 높은 차원의 존재로 이끈다. 성취를 자축하고 평화를 누리지만 여정은 여기서 끝나지 않는다. 새로운 모험이 다가오고, 주인공은 그 초대를 기꺼이 받아들여 다시 길을 떠난다.

우리는 고난을 이겨내는 인물에게 더 깊이 감정이입한다. 곤경과 시련을 극복하는 서사에 열광하고 감동하면서도, 정작 자신의 인생은 왜 그런 관점으로 바라보지 못할까? 모험을 받아들인다면 우리의 이야기는 멈추지 않고 계속 이어진다.

우리는 모두 자신만의 서사를 써 내려가는 주인공이다. 대단한 업적이 없어도 괜찮다. 승리만 가득한 이야기는 오히려 재미없다. 우리는 크든 작든 각자의 이야기를 펼치며 살아간다. 그 이야기를 어떻게 완성할지는 오직 나에게 달려 있다.

어떤 인생을 살고 싶은가? 자신의 서사를 직접 써라. 자신을 삶의 주인공으로 인정하는 순간, 삶의 해석은 완전히 달라진다. 어쩌면 지금 걷고 있는 길은 남의 길일지도 모른다. 사람마다 지문이 다르듯, 인생의 발자국도 같을 수 없다.

운명을 새롭게 쓰고 싶다면 열망을 꺼내 행동으로 옮겨라. 삶은 반복이 아니라 새롭게 써 내려가는 이야기다. 당신은 이 모험극의 주인공이다.

"비로소 '위대한 이야기'의 첫 장이 시작되었다. 그 이야기는 영원히 이어지며, 매 장은 앞선 장보다 더 나아진다."

C. S. 루이스의 《나니아 연대기》 마지막 문장처럼, 우리의 다음 장 또한 그렇게 펼쳐질 것이다.

이제, 새로운 장을 열 차례다. 결국 자기 자신만의 이야기를 살아가는 사람이 이긴다.

성장은 안전지대 밖에서 시작된다

안전지대를 벗어나는 사람만이 성장할 수 있다. 우리의 세계를 넓히려면 직진이 필요한 순간이 온다. 실수하지 않는다는 건 여전히 안전지대에 머물러 있다는 뜻이고, 실패가 없다는 건 성장을 추구하지 않는다는 의미다. 성장의 기회는 언제나 안전지대 밖에 있다.

《월든》의 작가 헨리 데이비드 소로는 묻는다.

"당신은 뜨거운 햇볕을 견디더라도 삶을 살아가겠습니까? 아니면 지하 묘지에서 천 년간 안전하게 휴식을 취하겠습니까?"

안전지대에 머물면 마음은 편하다. 당장은 평온한 일상이 이어지며 스트레스도 적다. 위험한 일도 없는 듯 보인다. 하지만 서서히 두 가지 위기가 다가온다. 첫 번째 위기는 무료함과 권태다. 성취의 기쁨 없이 타인의 성과만 지켜보게 되고, 삶에 대한 기대는 점점 냉소로 변한다.

"삶에 뭔가 있을 줄 알았는데, 별거 없네."

그렇게 스스로를 달래며 타협한다.

두 번째 위기는 그 평온이 오래갈 수 없다는 점이다. 세상은 끊임없이 변하고, 안전지대의 경계는 점점 좁아진다. 변화는 예고 없이 닥치며, 결국 미루던 사람에게 먼저 찾아온다. 그때 자신에게 묻게 된다.

"미루다 변화를 당할 것인가, 아니면 먼저 변화할 것인가?"

답은 분명하다. 헨리 데이비드 소로는 《월든》에서 이렇게 말했다.

"나는 인생을 깊게 살기를, 인생의 모든 골수를 빼먹기를 원했다. 강인하게 스파르타인처럼 살아, 삶이 아닌 것은 모두 엎어 버리기를 원했다."

이 말은 회피를 버리고 전진을 택하라는 선언이다. 그런 결단이 필요한 순간이 있다. 뜨거운 햇볕을 견디는 데 그치지 말고, 태양을 내 편으로 삼아야 한다. 세상의 성공자와 꿈을 이룬 사람들은 모두 안전지대 밖으로 나갔다. 불가능해 보이는 세계로 들어가야 진정한 가능성과 마주할 수 있다. 머릿속에서만 계산하는 가능성은 허상이다. 몸을 던져야 현실이 된다. 부딪혀봐야 가능성과 한계를 동시에 깨달을 수 있다.

그렇다면 안전지대 밖에는 무엇이 기다리고 있을까? 곧장 불안지대와 마주하게 된다. 낯선 환경, 새로운 상황, 예상치 못한 스트레스가 몰려온다. 처음에는 서툴고 실수도 많으며, 때로는 상황에 압도당하기도 한다.

하지만 떠올려보자. 학교에 처음 입학했을 때, 회사 첫 출근 날, 사람들 앞에 처음 섰던 순간들. 모두 낯설고 불편했지만 그 시간을 통과하며 우리는 성장했다. 직면하기 싫은 상황일수록 돌파해야만 성장할 수 있다는 사실을 이미 알고 있다.

우리의 뇌는 본능적으로 게으르고, 몸은 익숙함을 원한다. 그래서 안전지대는 인지적으로도 편안하다. 하지만 불안지대에 발을 딛는 순간, 긴장과 함께 사고가 활발해진다. 몸은 예민해지고 두뇌는 기민하게 움직인다. 때로는 '괜히 시작했나' 싶은 마음이 들지만, 그 감정을 넘어서는 시도가 필요하다.

계속 시도하면 불안지대는 곧 학습지대로 전환된다. 막연한 두려움은 도전의 희열로 바뀌고, '작지만 확실한 성취'는 우리를 한 단계 더 끌어올린다. 배우는 감각이 삶을 충만하게 만들며, 학습지대는 곧 성장지대로 확장된다. 그곳에서 우리는 완전한 성장을 경험하고, 다시는 이전으로 돌아가지 않는다.

안전지대 밖으로 나와야 삶의 다음 단계가 열린다. 불안지대를 지나 학습지대에 닿고, 다시 성장지대를 구축하라. 그곳이 새로운 나의 터전이 된다. 숨어 있지 말고 미래를 향해 직진하라. 한 번 넓어진 존재는 다시 줄어들지 않는다. 나비가 된 순간, 애벌레였던 시절로 돌아갈 수 없는 것처럼 말이다. 헨리 데이비드 소로는 다시 묻는다.

"당신은 뜨거운 햇볕을 견디더라도 삶을 살아가겠습니까? 아니면 지하 묘지에서 천 년간 안전하게 휴식을 취하겠습니까?"

당신의 답은 무엇인가?

안전지대를 뛰어넘는 6가지 실천 가이드

"하려고 했었다."

"정말 하고 싶었다."

"할 수 있었다."

"그런데 결국, 아무것도 하지 않았다."

세상의 많은 실패는 어설픈 결의와 흩어진 의지의 무덤 위에 남겨진다. 그 무덤에는 두려움도 실패도 없다. 오직 편안함만이 자리한다. 그러나 생명력은 불확실한 과정 속에서만 깨어난다. 이제 미룰 이유는 없다. 지금, 작게라도 움직여라.

1. 두려움을 기록하라

"보이지 않는 적은 이길 수 없다"

과거에 극복했던 경험을 떠올려보라. 어떻게 이겨냈는가? 그리고 적어라. 지금껏 회피해온 두려움은 무엇인가? 아직 넘지 못한 '안전지대의 경계선'은 어디인가? 노트든, 스마트폰 메모장이든, 블로그든 형식은 중요하지 않다. 어디든 적어보라. 두려움은 기록되는 순간, 막연한 그림자에서 다룰 수 있는 대상으로 바뀐다. 기록은 곧 돌파의 시작이다.

2. 틀림을 허락하라

"완벽보다 전진이 먼저다"

완벽주의는 안전지대를 감싸고 있는 화려한 껍데기다. 실패해도 된다는 자기 허락이야말로 탈출의 핵심이다.

'틀려도 된다. 해보기로 했다.'

이 한 문장이 당신의 심리적 안전망이 되어줄 것이다. 처음부터 잘하려 애쓸 필요는 없다. 연습의 기회를 타인의 시선에 맡기지 마라.

3. 불편한 상황을 만들어라

"낯선 환경이 성장의 사다리다"

불편한 경험을 의도적으로 만들어라. 발표에 지원하고, 토론에 참여하고, 혼자 밥을 먹고, 모르는 사람에게 말을 걸고, 부탁도 해보자. 이렇게 쌓인 경험이 심리적 내성을 키운다. 결국 '내가 하겠다'는 결심이 불편을 성장의 발판으로 바꾼다.

4. 점진적으로 훈련하라

"작게 시작해, 크게 쌓아라"

강연을 꿈꾼다면 한 사람 앞에서 말하는 것부터 시작하라. 책을 쓰고 싶다면 블로그에 짧은 글부터 써보자. 작고 반복된 실행이 자신감을 만든다. 점진적으로 확장하라. 작은 성공은 다음 도전의 디딤돌이 된다.

5. 두려움을 향해 직진하라
"가슴이 뛰는 곳에 성장이 있다"

두려움은 피하라는 신호가 아니다. 오히려 그 방향으로 가라는 신호다. 심장이 빨리 뛰고 마음이 복잡하다면, 눈앞에 도약의 기회가 있다는 뜻이다. 그 프로젝트, 그 무대, 그 관계 등 당신을 떨리게 하는 바로 그 일이 삶의 지평을 넓힌다. 주저하지 말자. 그 순간 당신의 변화가 시작된다.

6. 동반 성장하라
"혼자 하지 말고, 함께 직진하라"

변화를 지지해 줄 우군을 곁에 두어라. 함께 실천하고 피드백을 주고받을 사람이 있으면 훨씬 단단해진다. 기록을 공유할 커뮤니티가 있다면 큰 힘이 된다. 응원은 지속의 연료가 되고, 타인의 시도는 내 실행을 비추는 거울이 된다. 나의 시도 역시 누군가에게 촉진제가 된다. 함께할 때 우리는 더 오래, 더 멀리 갈

수 있다.

성장의 여정은 결국 일상의 작고 불편한 일들과의 정면 승부다. 안전지대에서는 변화도, 기적도 일어나지 않는다. 지금 이 순간, 두려움보다 한 발 먼저 내디뎌라. 그 작은 움직임이 당신을 경계 밖 새로운 대륙으로 이끌 것이다.

추진력으로 도약하라

기세는 기회를 부른다

그는 한때 잘 나가는 파워블로거였다. 구독자가 수만 명에 달했고, 올리는 글마다 수십 개의 댓글이 달렸다. 더 큰 영향력을 지닌 인플루언서가 되기를 꿈꾸고 있었다.

그러던 어느 날, 한 TV프로그램에서 사회자 제안을 받았다. 커리어에 전환점이 될 만한 기회였다. 그러나 두려움과 아직 준비되지 않았다는 이유로 거절했다. '다음에 또 기회가 있겠지'라고 생각했지만, 기회는 다시 오지 않았다. 막 기세가 붙으려던 순간 스스로 멈춰 섰고, 그와 함께 추진력도 꺼져버렸다. 신기하게도 사람들로 북적이던 블로그 역시 서서히 활기를 잃어갔다.

나는 그 장면을 마음속에 새겨 두었다가 블로그를 시작할 때 반면교사로 삼았다. 2022년 12월, 오랫동안 묵혀두었던 블로그를 출간 목표로 다시 열었다. 이후 여행 중에도, 몸이 아픈 날에도, 일정이 바쁜 날에도 글쓰기를 멈추지 않았다.

30개월 동안 쓴 글은 3,000편으로 하루 평균 세 편씩 올렸다. 그렇게 쌓인 기록은 책 출간과 강연, 13회의 종이책 추천사로 이어졌다. 흐름을 놓치지 않고 기세를 이어가니 기회가 자연스럽게 따라왔다.

교육에서도 원리는 같다. 나는 각기 다른 실력의 학생들과 함께 하며 그들이 한계를 넘어서는 순간을 여러 번 지켜봤다. 이른바 '수포자'였던 학생이 8등급에서 1등급으로 도약하는 사례가 이어졌다. 처음엔 불가능해 보였던 목표가 꾸준한 반복과 몰입 속에서 현실이 되는 장면이었다. 그 경험 속에서 내 교육 방식에 대한 확신은 깊어졌고, 내가 구축한 교육 브랜드에 대한 신뢰도 함께 높아졌다. 그것은 단기간의 열정이 아니라 꾸준히 앞으로 나아가게 하는 힘, 곧 추진력에서 비롯됐다.

추진력은 단순한 열정이 아니다. 그것은 하루하루의 일관된 반복에서 비롯된다. 이 반복을 가능하게 하는 것이 바로 관성이다. 관성은 본래 중립적이다. 멈춘 것은 계속 멈추려 하고, 움직이는 것은 계속 움직이려 한다. 습관도 마찬가지다. 시작이 어려운 이유는 관성 때문이다. 그러나 일단 움직이기 시작하면, 그 관성이 곧 앞으로 나아가는 힘이 된다.

직진형 인간은 이 관성을 앞으로 향하게 한다. 처음에는 강한 의지가 필요하지만, 일정 시점이 지나면 의지가 아니라 습관이 추진력을 만든다. 초반의 고비만 넘기면 움직임은 점점 더 쉬워지고, 일단 움직이기 시작하면 오히려 멈추는 것이 더 어렵다. 문제는 많은 사람이 추진력이 붙으려는 순간 스스로 멈춘다는 것이다. '아직 준비되지 않았다'는 생각이나, '다음에 기회가 있을 거야'라는 막연한 기대가 도약의 순간을 빼앗는다.

직진할수록 속도는 붙는다. 처음에는 느리게 보여도 어느 순간부터는 일이 한꺼번에 풀린다. 장애물에 부딪혀도 관성의 힘은 우리를 앞으로 밀어준다. 결국 추진력은 작고 일관된 실천을 거대한 성과로 바꾸는 힘이다. 오늘의 반복이 내일의 기세가 되고, 그 기세를 잃지 않는 한 비전은 현실이 된다.

추진력의 단계

추진력의 역할과 파급력은 단계마다 다르다. 그러나 어느 단계에서든 멈추는 순간 추진력은 사라진다. 그렇다면 추진력은 어떤 과정을 거쳐 성장할까?

1. 초보 단계

실력보다 꾸준함이 먼저다

목표를 세우고 일을 시작한 초반에는 추진력이 쉽게 붙지 않는다. 아이디어는 그럴듯하지만 구체화하는 과정은 엉성하고, 해야 할 일은 많지만 어디서부터 손대야 할지 막막하다.

베스트셀러 작가, 100만 유튜버, 성공한 창업가를 꿈꾸지만 현실은 냉혹하다. '조회 수'는 미미하고, '좋아요' 역시 몇 개에 불과하다. 매출이나 성과도 좀처럼 드러나지 않는다. 이처럼 시작 단계에서는 속도가 나지 않는다. 그래서 많은 사람들이 이 시점에서 포기한다.

처음 무언가를 시작했을 때를 떠올려보자. 실력은 아직 미숙하고, 적극적으로 도와줄 인맥도 없으며, 먼저 찾아와 관심을 주는 사람도 없다. 마치 갓 심은 씨앗이 뿌리를 내리기 전, 흙 위로는 아무 변화도 보이지 않는 것과 같다.

사실 초보는 어디에나 많다. 주변에서 '조금 하다 말겠지'라고 속단하는 것도 어쩌면 당연하다. 일관성 없는 사람에게 누가 기회를 줄까. 결국은 묵묵히 꾸준함을 보여주는 수밖에 없다.

초반에는 내가 무엇을 해낼 수 있는지 설명해도 큰 관심을 받기 어렵다. 계획과는 다르게 흘러가고, 완성된 결과물은 기대와 거리가 멀다. 때로는 스스로 보기에 민망한 수준일 때도 있다. 그래서 이 시기는 결과보다 '버티기'와 '내공 쌓기'에 집중해야 한다. 열정을 보여야 할 때이며, 주어진 것보다 조금 더 해내야 신뢰를 얻는다. 중요한 건 잘하지 않아도 계속하는 것이다. 초보자에게 가장 필요한 건 실력이 아니라 끈질긴 꾸준함이다. 그것이 첫 번째 평판이 된다.

2. 중수 단계
가속의 시기, 추진력은 선순환을 만든다

꾸준히 시도하다 보면 점점 더 많은 일을 맡게 된다. 성과가 쌓이고 실력도 늘며, 나를 인정해주는 사람들도 하나둘 나타난다. 입소문이 나 평판이 좋아지고, 인맥도 자연스럽게 확장된다. 어느 정도 기반이 잡히고 존재감도 생긴다. 그러나 여기서 안주하면 금세 속도가 꺾인다. 지금이야말로 가속이 필요한 시점이다. 작업을 이어가며 나태에 빠지지 않고, 줄곧 직진해야 한다. 이때 '평판 자본'이라는 개념을 미리 이해해 두면 좋다.

평판 자본은 한 번 신뢰가 쌓이면 계속 기회를 만들어준다. 사람들은 평판이 좋은 사람에게 더 많은 일을 맡기며, 더 중요한 일도 제안한다. 이 신뢰는 성과뿐 아니라, 힘들고 하기 싫을 때도 맡은 일을 끝까지 해내는 태도에서 나온다.

어느 순간부터는 제안이 먼저 들어오기 시작한다. 그럼 멈출 것인가, 더 나아갈 것인가의 갈림길에 선다. 기반은 아직 완전히 단단하지 않다. 그렇기에 지금은 속도를 줄일 때가 아니라, 더 치고 나아가야 할 때다.

멈추면 추락이고 밀어붙이면 도약이다. 열정을 쏟고 인내로 버텨라. 추진력이 누적되면 복리처럼 성장한다. 일이 잘 풀린다고 느낄수록 긍정적인 동력은 더 강해진다. 열정은 추진력을 낳고, 추진력은 다시 열정의 연료를 공급한다. 이것이 선순환의 힘이다.

3. 고수 단계

안주하지 말고, 정진하라

초보 단계에서는 10을 얻기 위해 100을 노력했다면, 고수 단계에서는 10의 노력으로도 100을 거둘 수 있다. 일이 끊임없이 들어오고, 내가 하는 말과 글에 귀 기울이는 사람들이 점점 더 늘어난다. 업계에서의 신뢰도가 높아지며, '평판이 자산'이라는 말을 온전히 실감하게 된다. 추진력은 더 가파르게 형성되고, 주변에 사람들이 모이며 나의 일에 동참한다.

하지만 여기서 멈춘다면 지금까지 쌓아온 추진력은 빠르게 사라진다. 이 단계를 넘어 마스터로 가고 싶다면 계속 정진해야 한다. 꾸준한 훈련과 자기계발은 여전히 필요하다.

세계적인 음악가들은 혼자 연습하는 시간이 아마추어보다 다섯 배 많았다는 연구 결과도 있다. 피아니스트 루빈스타인은 이렇게 말했다.

"하루 연습하지 않으면 내가 알고, 이틀이면 동료가, 사흘이면 청중이 안다."

스타들도 인기가 절정일 때일수록 더 활발히 활동한다. '물 들어올 때 노를 저어라'는 말이 괜히 생긴 게 아니다. 진정한 고수는 멈추지 않는다. 그들은 다작을 통해 성장하고, 추진력을 능동적으로 활용하며 자신만의 영역을 넓혀간다.

추진력은 불과 같다. 계속 땔감을 공급해야 불이 꺼지지 않고,

더 크게 번져나간다. 멈추면 순식간에 사그라든다. 그렇다고 쉼 없이 달리라는 뜻은 아니다. 할 일을 마쳤다면 기꺼이 쉬어라. 다만 휴식은 여정의 보상일 뿐, 목적이 될 수 없다.

아직 이루지 못한 꿈이 있다면, 스스로에게 새로운 도전 과제를 던져라. 추진력의 관성을 유지하라. 관성이 끊기면 다시 움직이기가 배로 힘들어진다. 마치 운동을 오래 쉬었다가 다시 시작하면 근육이 놀라 더 버겁게 느껴지는 것처럼, 속도를 올리는 데 훨씬 더 많은 에너지가 든다.

성장의 길에는 반드시 정체 구간이 찾아온다. 이 시기에는 '성장이 멈췄다'는 회의감이 들기도 한다. 그럴수록 더 치열하게 쌓아야 한다. 도약 전에는 축적의 시간이 필요하다. 최고의 수련은 매일 지속하는 것이다. 정민 교수는 《미쳐야 미친다》에서 이렇게 말했다.

"한때 반짝하는 재주꾼들은 있어도 꾸준히 끝까지 가는 노력가는 만나보기 힘들다."

벼락 성공을 꿈꾸는 시대에 꾸준한 노력이야말로 차이를 만드는 희소한 자원이다. 추진력은 직진형 인간의 동력이다. 처음엔 느리지만 가속이 붙으면 눈덩이처럼 불어난다. 관성과 꾸준함이 만든 이 선순환의 힘이 삶을 도약시키는 핵심 엔진이다.

인생의 스노우볼 효과

눈을 굴려보자. 가능하다면 언덕 위에서 시작하자. 굴릴수록 속도가 붙고 크기도 커진다. 눈을 굴리는 것은 꾸준한 실행을 상징하고, 언덕 위에서 시작하라는 건 성장 가능성이 큰 영역에서 출발하라는 뜻이다. 출발점이 높을수록 유리하다.

지금은 누구나 작은 실행으로 자신만의 '스노우볼'을 만들 수 있다. 한 수험생은 토익 공부 과정을 매일 인스타그램에 기록했다. 단어 암기, 오답 노트, 하루 공부 시간까지 차곡차곡 올렸다. 처음엔 아무 반응이 없었지만, 꾸준히 기록하자 점차 비슷한 목표를 가진 사람들이 모여들었다. 결국 공부법 강의는 물론, 출판 제안까지 이어졌다.

또 다른 이는 배달앱 리뷰를 정성껏 작성하고, SNS에 음식 사진과 후기를 올렸다. 어느새 팔로워가 늘고 브랜드 협업이 들어왔으며, 지금은 콘텐츠 마케터로 일하고 있다.

모두 시작은 작았지만 일관된 실행이 가속도를 붙이며 커다란 흐름을 만들었다. 스노우볼은 거창한 전략이 아니라 작고 꾸준한 실행에서 출발한다.

하지만 그 눈덩이를 오래 굴리려면 좋아하는 일이어야 한다. 흥미가 없다면 오래 버티기 어렵고, 추진력도 쉽게 붙지 않는다. 어떤 사람은 출근 전부터 설레며 콘텐츠를 만들고, 또 다른 사람은 주말까지 자기 일에 몰입한다. 몰입의 근원은 분명하다. 그 일이 즐거움이자 에너지이기 때문이다.

물론 의무감이나 생계 같은 외부 요인도 추진력이 될 수 있다. 그러나 더 강하고 오래가는 힘은 내재적 동기다. 흥미 있는 일을 할 때 에너지가 솟고 몰입도 깊어진다. 이것이 바로 '에너지의 순환 고리'다.

한 분야에서 크게 성공한 사람들을 보면 쉽게 지치지 않는 에너지와 몰입력을 가지고 있다. 그들은 자신의 일을 즐긴다. 만약 그들이 자신과 맞지 않는 분야에 있었다면, 지금처럼 추진력을 유지할 수 있었을까?

좋아하지 않는 일을 하면서 의욕이 넘치긴 어렵다. 종종 기운이 없거나 피곤하다고 느끼는 건 컨디션 문제가 아니라, 에너지가 제대로 쓰이지 않기 때문일 수도 있다. 억지로 하는 일은 오래 붙잡기 어렵고, 그만둘 때도 아쉬움이 크지 않다. 반면, 좋아하는 일은 에너지를 증폭시키고 더 큰 힘을 끌어낸다. 오히려 가만히 있을 때보다 몰입할 때 덜 피곤하게 느껴진다. 힘든 줄도 모른 채 집중하다 보면 결과적으로 더 많은 일을 해내게 된다.

대학생 시절, 휴학 후 사회 경험을 쌓겠다며 동대문 시장 원단 가게에서 잠시 일한 적이 있다. 단순히 새로운 도전을 해보고 싶었던 것이다. 그런데 함께 일하던 형은 달랐다. 그 형은 기술을 익혀 자기 가게를 차리겠다는 뚜렷한 목표가 있었다. 나는 알바 마인드였지만, 형은 주인의식을 지니고 일했다. 적은 월급에도 그는 자신의 사업이라는 마음으로 임했다. 그때 보여준 열정이라면 지금쯤 어딘가에서 독립하여 자신의 길을 묵묵히 걷고 있을 거라 생각한다.

나는 다른 일에는 미지근했지만, 가르치는 일만큼은 진심이었다. 그래서 교육 분야에서 성과를 낼 수 있었고, 타인을 성장시키는 일은 나의 미래지향적인 성향과도 잘 맞았다. 만약 내 성향과 어긋나는 일을 억지로 하고 있었다면, 적당히 하면서 잠재력을 허비했을 것이다.

지금은 책 집필에 전념하고 있다. 누군가에게 글쓰기는 고된 정신노동일 수 있지만, 나는 글을 쓸 때 오히려 살아 있음을 느낀다.

사람마다 흥미를 느끼는 분야는 다르다. 그러나 한 가지는 같다. 좋아하는 일일수록 전념할 수 있고, 추진력이 더 가속화된다. 흥미 있는 일일수록 몰입이 깊어지고, 실력이 늘며, 성과로 이어진다. 자발적으로 하는 일과 억지로 하는 일은 에너지의 질도, 회복

속도도, 삶의 만족도도 다르다.

좋아하는 일을 선택하라. 그것이 에너지를 가장 효율적으로 쓰는 길이다. 추진력은 가속되고, 성공은 복리처럼 불어난다. 이것이 바로 인생의 '스노우볼'이다.

추진력을 높이는 6가지 실천 가이드

마음은 간절하지만 실행이 번번이 흐지부지되는 이유는 단순하다. 의욕은 감정이지만, 추진력은 구조이기 때문이다. 성공하는 사람과 그렇지 못한 사람의 차이는 의지력에 있지 않다. 실행이 작동하도록 환경과 리듬을 설계했는가, 바로 그것이 관건이다.

1. 비전을 선명히 하라

"목표가 구체적일수록 추진력이 생긴다"

먼저 '무엇'을 원하는지부터 명확히 하라. 비전은 추진력의 연료다. 원하는 목표를 글로 적고 매일 되새기라. '어떻게'보다 '무엇'을 먼저 붙잡을 때 열정이 생기며, 그 열정이 실행의 근거가 된다.

2. 핵심에 에너지를 쏟아라

"루틴과 반복이 추진력을 만든다"

집중할 대상을 분명히 정하라. 루틴은 의지를 지탱하는 리듬이다. 가장 중요한 일 하나를 먼저 실행하라. 산만함을 걷어내고 핵심에 에너지를 쏟아야 한다. 매일 같은 시간에 같은 과업을 반복하는 것, 그것이 추진력의 기반이 된다.

3. 방해 요소를 제거하라

"가지치기가 집중력을 만든다"

추진력은 집중력의 결과다. 공간, 사람, 습관 속에서 본질을 방해하는 요소를 덜어내야 한다. 새벽, 조용한 장소, 방해받지 않는 시간을 적극 활용하라. 덜 중요한 것을 덜어낼수록 가장 중요한 것에 가까워진다. 추진력은 더하기가 아니라 빼기에서 나온다.

4. 주변의 힘을 활용하라

"공개하라, 연결하라, 함께하라"

혼자만의 목표보다 연결된 목표가 더 오래간다. 공언은 책임을 부르고, 책임은 추진력을 낳는다. 목표와 진행 상황을 가족, 동료, SNS에 꾸준히 공유하라. 뜻이 맞는 사람들과 '마스터 마인드' 그룹을 만들어 지혜와 경험을 공유하라. 응원하는 사람과 가까이하고, 비관적인 사람은 멀리하라.

5. 체력과 시간은 최고의 자원이다
"에너지와 자투리 시간을 관리하라"

추진력은 체력과 시간에서 나온다. 건강한 몸은 끈기를 만들고, 좋은 컨디션은 지속력을 높인다. 여기에 시간을 보태라. 자투리 시간이 모이면 복리처럼 불어난다. 하루의 빈틈을 찾아 짧게라도 집중하라.

6. 기록하고 활용하라
"성취의 흔적이 추진력을 증폭시킨다"

기록은 의욕을 되살리고 작은 성취를 키우는 힘이다. 매일의 실천을 짧게라도 적어라. 잘한 점을 기록할수록 자기 확신이 커진다. 축적된 기록은 다음 도약의 발판이 된다. 성과의 일부를 온라인에 공유하라. 그것이 새로운 기회의 출발점이 된다. 기록은 성취의 가속장치다.

추진력은 열망이 아니라 구조화된 실행에서 나온다. 오늘의 실천이 내일의 추진력을 만든다. 방향은 이미 정해졌다. 이제는 멈추지 말고 밀고 나가라.

몰입으로 한계를 돌파하라

몰입과 도약의 1년

"'너는 서른이다'라고 사람들은 말한다. 그러나 1분을 3분처럼 살아왔다면, 나의 나이는 아흔 살이라 말할 수 있지 않을까?"

1857년, 스물여섯에 《악의 꽃》로 이름을 떨친 프랑스 시인 샤를 보들레르가 서른 살 무렵 남긴 말이다.

누군가는 1년을 3년처럼 살고, 또 다른 이는 3년을 1년처럼 산다. 물리적 시간은 공평하지만 심리적 시간은 사람마다 다르다. 하루의 밀도가 모여 1년을 만들고 그 1년이 쌓여 평생이 된다. 시간은 '티끌 모아 티끌'이 아니다. 하루하루의 선택이 모여 모여 굵직한 삶을 만든다.

가장 귀하면서도 가장 빨리 사라지는 것은 무엇인가? 바로 시간이다. 보들레르의 말처럼 1분을 3분처럼, 1년을 3년처럼 사는 길은 결국 시간을 다루는 방식에 달려 있다. 그것은 '기대'와 '집중', 그리고 '의지'로 결정된다. 더 보람차게 살기를 기대하고, 목표에 집중하며, 직진의 의지로 나아갈 때 비로소 삶은 깊어진다. 강렬하고 밀도 있는 삶은 다른 누구의 인생도 부럽지 않은 자기만의 일생이 된다.

평생 전력 질주할 필요는 없다. 그러나 인생에는 반드시 전념이 필요한 구간이 있다. 수험생에게 주어진 1년이 그렇다. 제자들에게 '단 1년, 전력으로 달리는 법'을 알려준다. 한 제자는 고2 말 모의고사에서 국어 7등급, 수학 7등급, 영어 3등급이었다. 그는 1년간 스마트폰을 끊고 매일 15시간 공부에 몰입했다. 그 결과 국어, 수학, 영어 전부 1등급으로 올라섰다. 밑바닥에서도 밀도 있는 집중은 역전을 만든다.

블로그 구독자 중 한 학생도 기초가 거의 없는 상태에서 하루 15시간씩 1년을 버텨 서울권 의대에 합격했다. 이런 역전은 수험생에게만 해당되지 않는다. 일에서도, 삶에서도 어떤 시기에는 굵직한 몰입이 필요하다. 그때는 전념해야 가속 성장이 가능하다. 농밀한 1년은 놀라운 변화를 만든다.

나에게 2022년은 도약이 필요했던 시기였다. 그해, 20대 초반부터 읽어온 《세이노의 가르침》을 다시 정독했다. '피보다 진하게 살라'라는 문장이 나를 다시 불태웠다. 모든 여가를 줄이고 본업에만 전념하기로 결심했다. 생활을 단순화하며 가르치는 일에 집중했다. 하루 15시간을 수업 준비와 이동에 쏟으며, 수능 전날까지 휴일 없이 달렸다. 1년 동안 치열하게 살면 어떤 변화가 일어날지 확인하고 싶었기 때문이다.

그 결과, 한 해가 지나고 세 가지를 얻었다.

첫째, 실적이 오르며 교육 시장에서 내 가치는 두 배나 올랐다.

둘째, 입소문이 퍼져 더 많은 이들이 스스로 찾아왔다. 평판이야말로 보이지 않는 자산임을 깨달았다.

셋째, 공부법 책을 집필할 기회를 얻었고, 첫 저서는 베스트셀러가 되었다.

내 삶의 궤적은 완전히 달라졌다. 여가는 줄었지만 성취에서 오는 만족감은 훨씬 컸다. 1년간의 집중은 수년간 이루지 못했던 성과를 안겨주었다. 온 힘을 다 쏟은 뒤 찾아온 회복과 보상은 평상시 휴식과는 전혀 다른 달콤함이었다.

물론 평생을 이렇게 살라는 뜻은 아니다. 때로는 가늘고 길게 가야 할 때가 있고, 때로는 굵고 짧게 몰입해야 할 때가 있다. 중요한 건 각자의 상황과 목표에 맞는 밀도를 선택하는 것이다. 다만 직진이 필요한 시기라면 힘껏 밀어붙여야 한다. 그 길이가 얼마든, 그 순간만큼은 진심으로 살아내야 한다. 몰입은 물리적 시간이 아니라 마음의 농도다.

강하고 집중된 힘은 큰 성과를 낳는다. 반대로 힘이 약하고 흩어지면 성과도 미미하다. 핵심은 밀도 높은 시간이 꾸준히 삶 속에 존재하는가다. 그런데 그 밀도를 끊임없이 갉아먹는 힘이 있다. 바로 '엔트로피'다. 엔트로피는 집중력을 떨어뜨려 노력을 분산시키고 시간을 낭비하게 만든다. 삶 속에서 산만함과 흐트러짐을 불러오는 무질서의 힘으로 작용한다.

엔트로피에 저항하라

최선의 삶을 위해서는 '엔트로피'를 이해해야 한다. 물리학에서 엔트로피는 에너지가 흩어지며 무질서해지는 상태를 뜻한다. 해변의 모래성은 파도에 쓸려나가고, 눈사람은 녹아 사라진다. 금속은 녹슬고, 생명은 늙어가며, 별도 꺼져간다.

엔트로피 앞에서 인간 역시 결국 노화와 죽음을 맞이한다. 시간이 흐를수록 세상은 점점 무질서해진다. 우리는 노화, 분해, 붕괴라는 우주의 법칙을 피할 수 없다. 무질서는 자연스럽고 질서는 인위적이며 잠시뿐이다.

삶도 마찬가지다. 가만히 두면 관계도, 일도, 건강도 서서히 무너진다. 행동을 미루는 순간 엔트로피는 우리를 집어삼킨다. 나태할수록 성취와 만족은 멀어진다. 무위의 삶은 실재하지 않는다.

'게으름'을 미화했던 철학자들도 실은 누구보다 부지런했다. 《게으름에 대한 찬양》을 쓴 버트런드 러셀은 매일 3,000단어 이상을 쓰며 40여 권의 저작을 남겼다. 성취는 결국 규율과 몰입에서 나온다.

물리학에서 엔트로피는 법칙이지만, 의식과 행동의 세계에서는 법칙이 아니라 경향이다. 심리적 엔트로피는 곧 마음의 무질서다. 생물학적으로 죽음은 피할 수 없지만, 심리적으로는 저항할 수 있다.

그 무질서를 잠재우는 힘이 바로 몰입이다. 우리는 몰입을 통해 의식에 질서를 세울 수 있다. 방을 반복해 청소하거나 멀어진 관계를 다시 회복하듯, 삶의 엔트로피를 줄일 수 있다. 목적을 잃으면 무질서는 커지고, 집중을 잃으면 마음은 산만과 무기력에 잠식

된다. 그러므로 최선의 삶이란 매일 의식의 세계에 에너지를 불어넣어 질서를 새로 세우는 일이다.

휴일을 예로 들어보자. 목적 없이 빈둥거린 하루는 '허무하게 지나갔다', '시간을 날렸다'는 아쉬움과 죄책감을 남긴다. 반면 하고 싶었던 일을 하며 보낸 하루는 충만한 보람으로 채워진다. 차이는 목적성이다. 그러나 이는 하루만의 문제가 아니다. 하루가 그러하듯 인생도 그렇다. 어떤 이는 평생을 표류하며 살고, 또 다른 이는 평생을 충만하게 살아간다. 갈림길은 결국 엔트로피를 다루는 방식에서 드러난다.

해답은 '목적 있는 몰입'이다. 직진형 인간은 무질서를 방치하지 않는다. 의미 있는 목표를 세우고 몰입으로 엔트로피에 맞선다. 무생물은 저항할 수 없지만, 우리는 의지와 몰입으로 질서를 세울 수 있다.

세상은 파괴만으로 이루어지지 않는다. 파괴의 반대에는 창조가 있고, 붕괴의 반대에는 몰입이 있다. 몰입은 심리적 엔트로피의 반대 상태이자 의식의 질서다. 몰입할 때 불안은 사라지고, 보람과 행복이 찾아온다.

미하이 칙센트미하이는 《몰입의 경영》에서 이렇게 말했다.

"모든 생명체는 자아실현을 향해 나아간다."

몰입은 자아실현으로 가는 가장 순수한 길이다. 사냥개가 사냥할 때, 양치기 개가 양 떼를 지킬 때 가장 행복하듯, 몰입의 순간에 우리는 가장 '나답다'는 충만함을 느낀다. 몰입은 무질서를 잠재우고, 그 너머에서 자아를 실현한다. 자아실현은 곧 성장의 연금술이다. 결국 우리는 언제, 어떤 순간에 가장 충만함을 느끼는가. 몰입이 우리를 '나답게' 만든다는 사실은 누구나 경험을 통해 알고 있다.

나는 TV 없이 산 지 20년이 넘었다. 교육과 관련된 영상 외에는 유튜브도 보지 않는다. 영상보다 활자가 내 삶에 훨씬 더 가깝기에, 독서와 글쓰기는 가장 나답다고 느끼는 시간이다. 특히 새벽에 글을 쓸 때는 영혼이 속박에서 풀려난 듯 자유롭다. 새벽에 글을 쓰면, 시간은 느리게 흐르지만 생각은 더 빨라진다. 그 순간만큼은 삶을 내가 온전히 주관하는 듯하다. 이런 몰입의 순간이야말로 엔트로피를 잠재우는 힘이다. 이런 경험이 많을수록 시간은 더 깊고 진하게 흐른다.

물론 쾌락에 탐닉할 때도 일시적 몰입은 가능하다. 하지만 그 뒤에는 공허함만 남는다. 자아실현은 몰입이 만든 보람의 총합이며, 행복의 가장 순수한 형태다. 직진형 인간은 자아실현을 향해 나아가는 사람이다. 몰입은 그 여정을 가능케 하는 가장 강력한 힘이다.

자아실현의 목표는 스스로 세워야 한다. 모든 일에서 몰입이 일어나지는 않는다. 좋아하고 보람을 느끼며 최선을 다할 수 있는 일이어야 한다. 목적성과 실천이 결합될 때 우리는 엔트로피를 넘어설 수 있다. 정말 하고 싶은 일에 몰두하고 있다면, 인스타 릴스나 유튜브 쇼츠 따위는 눈에 들어오지 않는다.

목표가 선명하면 세상의 잡음은 스쳐 지나간다. 그러나 목표가 없다면 소음이 곧 운명이 된다. 보람 있는 삶을 원한다면, 목적 없이 떠밀려 다니는 정신부터 깨워야 한다. 표류하는 배처럼 살 수는 없다.

방향을 정하고 노를 쥐어라. 삶의 키를 다시 잡아야 한다. 무질서에 휩쓸리지 말고, 몰입으로 삶을 다시 써라. 그것이야말로 엔트로피를 이기는 유일한 길이다.

성장은 몰입에서 시작된다

세계적인 인물들은 대부분 '집중형 인간'이었다.

1991년 여름, 빌 게이츠의 아버지는 아들과 워런 버핏을 저녁

식사에 초대했다. 식사 중 그는 두 사람에게 같은 질문을 던졌다.

"인생에서 목표를 이루는 데 가장 중요한 요소는 무엇입니까?"

버핏과 빌 게이츠는 동시에 망설임 없이 답했다. 바로 그 대답은 "집중"이었다.

빌 게이츠는 자신의 성공을 설명하며 이렇게 말했다.

"지금껏 제가 누리고 있는 것은 아마 제 생애 최고의 행운 가운데 하나일 겁니다. 그리고 저는 오로지 집중을 통해서만 세계 최고의 무언가를 창출해 낼 수 있다는 사실을 배웠습니다. 당신이 얼마나 큰 능력을 지니고 있느냐는 중요하지 않습니다."

목표 없는 삶에는 집중이 깃들지 않는다. 방향이 없으니 마음은 사방으로 흩어진다. 세상은 유혹과 잡음으로 가득 차 우리가 원하는 삶을 끊임없이 방해한다. 집중하지 않으면 잡념이 스며들고, 눈길은 쉽게 다른 곳으로 빼앗긴다.

삶을 바꾸려면 마음속에 주체적 의도를 심어야 한다. 의도와 목표는 엔트로피에 저항하고, 집중은 혼돈 속에 질서를 세운다. 그 질서 속에서 내면은 고양되고 자존감은 굳건해진다. 표류하는 생각에 휩쓸리지 않으려면 확실한 목표를 머리와 마음에 새겨야 한다. 파괴는 쉽지만 창조는 어렵다. 무질서는 저절로 찾아오지만, 질서를 세우려면 시간과 꾸준한 노력이 필요하다. 결국 삶은 우리가 집중한 것들의 총합이다.

직진형 인간은 삶의 의미와 성장을 위해, 다음과 같은 부등식을 마음에 새긴다.

편안함 〈 보람

쾌락 〈 의미

안주 〈 정진

엔트로피 〈 몰입

엔트로피를 이기는 방법은 단순하다. 멈추지 않고 전진하는 것이다. 직진형 인간은 엔트로피의 물살을 거슬러 앞으로 나아갈 뿐이다. 그러기 위해서는 선택과 집중이 필요하다. 몰입할 대상을 찾아 온전히 집중해야 한다.

집중이 성공의 필수 요소임을 알면서도 많은 사람들은 여전히 잠재력을 넓게 흩뿌린다. 초점을 빼앗는 방해 요인은 크게 두 가지다.

첫째, 내적 방해 요인은 목표의 부재다. 어디에 집중해야 할지 모르면 마음은 쉽게 흔들린다. 둘째, 외적 방해 요인은 유혹이다. 우리의 주의를 가로채는 대상은 날마다 늘어난다. 과거에는 TV가 시간을 갉아먹었다면, 지금은 스마트폰이 가장 큰 적이다. 손바닥 안의 이 작은 기계는 시도 때도 없이 시선을 끌어당기며 벗어나기도 쉽지 않다.

숏폼 세상에서 주의력은 가장 귀한 자원이다. 짧고 자극적인 콘텐츠가 집중을 무너뜨리고, 한 가지 일을 끝까지 밀어붙이는 힘은 점점 사라지고 있다. 그러나 아무리 약한 존재라도 힘을 한곳에 모으면 성취를 이룬다. 반대로 아무리 강한 존재라도 힘이 분산되면 결국 아무것도 이루지 못한다.

직진형 인간은 에너지를 한곳으로 모아 집중시킨다. 그것은 단단하게 조직화된 에너지다. 그렇다면 한정된 에너지를 어디에, 어떻게 쓸 것인가. 원하는 목표가 있다면 과녁을 정하고 집중해야 한다. 이것저것 두리번거리면 결국 한 가지도 제대로 이루지 못한다. 사방으로 흩어진 화살은 어느 과녁도 맞히지 못한다. 많은 것을 동시에 누릴 수도, 한꺼번에 가질 수도 없다.

뛰어난 성취와 평범한 결과의 차이는 결국 두 가지에서 갈린다.

첫째, 직접 하는 일.

둘째, 과감히 하지 않는 일.

모든 일을 다 하려는 순간 에너지는 흩어진다. 목적에 맞지 않는 일에는 단호하게 '아니요'를 말해야 한다. 성과는 우리가 해낸 일

뿐 아니라, 피한 일에서도 나온다. 집중의 성공은 곧 배제의 성공이다.

전략戰略의 '略'은 '생략하다'라는 뜻이다. 전략이란 곁가지와 지엽적인 것을 잘라내고, 가장 굵은 뼈대만 남기는 일이다. 전략적으로 소수의 핵심 목표에 집중하라. 우선순위가 불명확하면 결국 비효율적으로 이것저것 하게 된다.

집중은 타고난 재능이 아니다. 배제와 선택의 결과다. 분산을 막는 전략이 곧 성과를 만든다. 무엇을 원하는지 선명하게 알고, 거기에 모든 초점을 맞춰라. 최고의 가치를 향해 직진하라. 직진형 인간은 결국 집중형 인간이다.

집중을 높이는 6가지 실천 가이드

지금 당신의 에너지는 어디를 향하고 있는가? 대부분은 산만한 흐름에 휩쓸린다. 본질을 향해 직진하는 사람은 드물다. 그러나 집중하는 자만이 끝내 목적지에 도달한다.

1. 루틴을 구축하라

"집중은 자동화된 반복에서 나온다"

아침 운동이나 새벽 글쓰기처럼 일정한 패턴은 의지력을 아끼고 집중력을 끌어올린다. 습관은 무질서를 밀어내는 가장 강력한 장치다. 하루의 흐름 속에 생산적인 루틴을 배치하라. 규칙적인 시간, 장소, 활동은 엔트로피의 침입을 막는다. '예외 없는 습관'이 집중의 뼈대를 세우고 몰입의 구간을 확보한다.

2. 선택과 배제를 분명히 하라

"'NO'의 힘이 'YES'의 질을 높인다"

집중은 무엇을 하느냐보다 무엇을 하지 않느냐에서 비롯된다. 목표에 도움이 되지 않는 일은 단호히 거절하라. 착한 사람이 되기보다 기준 있는 사람이 되어야 한다. 본질적이지 않은 일은 과감히 덜어내라. 'Yes'와 'No'를 분명히 할수록 에너지 낭비는 줄고 집중은 깊어진다.

3. 몰입의 환경을 조성하라

"단독 실행의 원칙을 지켜라"

멀티태스킹은 생산성을 최대 40% 떨어뜨리고 스트레스를 높인다. 최고의 몰입 조건은 한 작업에만 몰두하는 것이다. 방해 요소를 치우고, 당신의 공간을 몰입의 무대로 바꿔라. 집중이 필요한 활동은 언제나 단독 실행이 원칙이다.

4. 산만함을 줄이고 절제를 연습하라

"집중은 절제에서 태어난다"

절제는 자기 통제의 힘이며, 그 힘이 곧 자유다. 특히 시간을 아껴라. 킬링타임을 줄이고 목적 있는 활동으로 전환하라. 스마트폰 알림, 불필요한 모임, 의미 없는 콘텐츠 소비를 차단하라. 절제는 반복될수록 근육처럼 단련된다. 오늘의 작은 절제가 내일의 큰 집중을 만든다.

5. 나만의 시간을 만들어라

"고요한 시간은 집중력의 원천이다"

아마존 창업자 제프 베이조스는 아침에 일어난 뒤 1시간 동안 스마트폰을 보지 않는다. 아침에 나만의 시간을 갖는 것이 하루를 소화하는 데 중요하다는 것이다. 일상 속 틈을 내거나 주기적으로 고독의 시간을 가져라. 정보 소음을 끊고 생각을 정리하는 순간, 몰입이 시작된다. 깊은 고독은 내면의 질서를 되살린다.

6. 우선순위를 선명히 하라

"지금 반드시 해야 할 일에 집중하라"

모든 일을 다 할 수는 없다. 그래서 우선순위가 필요하다. 성패는 어떤 일을 먼저 하느냐에 달려 있다. 지금 가장 중요하고 시급한 일부터 처리해야 한다. 그러나 에너지를 집중하는 일은 생각보다 쉽지 않다. 그 기준을 세우는 데 도움을 주는 것이 바로 '아이젠하워 매트릭스'다.

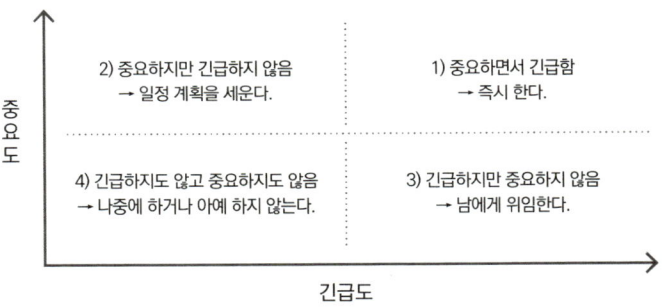

아이젠하워 매트릭스

1) 중요하면서 긴급함 → 즉시 한다.

2) 중요하지만 긴급하지 않음 → 일정 계획을 세운다.

3) 긴급하지만 중요하지 않음 → 남에게 위임한다.

4) 긴급하지도 않고 중요하지도 않음 → 나중에 하거나 아예 하지 않는다.

산만한 시대일수록 한곳에 몰입할 줄 아는 사람이 두각을 나타낸다. 엔트로피라는 무질서를 무너뜨리고, 그 자리를 트로피Trophy라는 영광으로 채워라. 집중하는 자가 끝내 승리한다. 엔트로피의 소음과 유혹 속에서도 본질을 향해 나아가라. 지금 이 순간, 반드시 해야 할 단 하나를 선택하라.

실패를 성장의 발판으로 삼아라

실패에도 방향이 있다

우리는 살아가면서 실패를 피할 수 없다. 그러나 실패에는 두 가지 방향이 있다. 하나는 도전하며 앞으로 나아가다 넘어진 '전진의 실패'이고, 다른 하나는 도망치거나 회피하다 무너진 '후진의 실패'다. 둘 다 실패지만 무게와 남기는 의미는 전혀 다르다.

전진의 실패는 미래를 향한 도전에서 비롯된다. 꿈을 꾸었고, 길을 걸었고, 더 잘하기 위해 애썼다. 그 시도는 흔적을 남기고, 흔적은 피드백이 되어 다음 시도를 더 정교하게 만든다. 이 경험은 자산이 되어 평판을 높이고 자신감을 키운다.

후진의 실패는 피하려는 선택에서 비롯된다. 두려움에 뒤로 물러서고, 불편함 때문에 미래를 외면하는 것이다. 순간적으로는 도전보다 회피가 덜 아플 듯하지만, 이런 회피는 습관이 되어 자신을 만성적으로 끌어내린다. '역시 나는 안 돼'라는 자기 불신과 '그때 해볼걸'이라는 뒤늦은 후회만 남긴다. 이것이야말로 성장을 갉아먹는 가장 큰 적이다. 이처럼 전진의 실패는 성장의 자산이지만, 후진의 실패는 회피의 빚이다.

우리는 실패의 방향을 선택할 수 있다. 성장을 원한다면 전진의 실패를 택하라. 앞으로 나아가다 넘어져도 다시 일어서라. 방향은 여전히 앞이고, 결승선은 이전보다 더 가까워졌다. 직진형 인간은 전진의 실패를 선택한다. 굴복 대신 극복을, 비관 대신 낙관을 선택한다. 그리고 그 낙관으로 난관을 돌파한다.

불운을 기회로 바꿔라

스물한 살 봄, 나는 고학으로 수능을 준비하고 있었다. 겨울에는 부모님을 도와 귤밭에서 일했고, 봄에는 편의점 아르바이트를 했다. 첫 월급날, 60만 원 가까운 현금을 받아 책상 서랍에 고이 넣어 두었다. 스스로 번 돈으로 공부해야 했기에 한 푼 한 푼이 더욱 소중했다.

알바비를 받은 지 며칠 뒤였다. 도서관에서 공부를 마치고 돌아오니 방 창문이 반쯤 열려 있었다. 당시 우리 집 출입문은 여닫이 식이라 집에 있을 때만 안에서 잠글 수 있었다. 외출하면 사실상 열린 집이나 다름없었다. 마음만 먹으면 누구나 드나들 수 있었다. 불길한 마음에 서랍을 열어 보니, 만 원 한 장만 덩그러니 남아 있었다.

처음엔 분노가 치밀었고, 곧 허탈함이 밀려왔다. 그러나 도둑을 탓하기보다 돈을 지키지 못한 부주의부터 돌아보았다. 그날 밤, '내 운명과 미래를 건 맹세!'라는 제목으로 블로그에 일기를 남겼다. 더 이상 피해자로 남지 않겠다는 선언이었다. 서툰 문장이었지만, 그 다짐이 지금의 나를 만든 첫 뿌리가 되었다. 다음은 그 일기의 일부다.

내 운명과 미래를 건 맹세!

오늘 빈집 털이를 당해 알바로 번 돈을 통째로 잃어버렸다. 이런 일은 처음이라 큰 충격으로 다가왔다. 어이없고 황당했지만, 분노하거나 좌절하지 않았다.

불과 1년 전의 나였으면 어땠을까? 온갖 분노와 도둑질에 어이없게 당한 수치심, 잃어버린 돈과 그 돈을 벌기 위해 소비한 시간의 아까움에 눈물을 흘렸을 것이다.

하지만 오늘은 나름 긍정적으로 생각했다. 잃어버린 돈은 다시 벌 수 있다. 물론 잃어버린 시간은 아깝지만, 편의점 알바 경험은 성장에 도움이 됐다. 더불어 절도의 피해자가 된 것도 오히려 플러스가 될 수 있을 것이다.

앞으로는 돈 관리를 철저히 하리라. 그리고 범죄 피해자의 고통을 알겠다. 나는 많은 걸 겪고 그를 통해 배워가는 삶을 원한다. 그렇기에 이 사건 또한 성장의 영양분이 될 수 있다.

위기의 순간, 마음가짐에 따라 운명과 미래는 달라진다. 나는 긍정적이고 낙천적인 사고로 이 난관을 돌파할 것이다. 그리고 그런 삶의 승부는 바로 지금부터다. 오늘의 사건 역시 삶의 시련 중 하나다. 이 시련에 분노하면서 슬픈 삶을 살 것인가? 아니면 이 일을 잊고 진취적인 삶을 위해 나아갈 것인가?

나는 후자를 택해야 한다. 비록 오늘 일은 충격적인 사건이었지만, 곧 잊고 내 일에 충실히 임하기로 마음먹었다. 그리고 생각해 봤다. 왜 이렇게 달라졌는가? 예전의 모습과 분명히 달라진, 더구나 발전된 모습을 보니 나 스스로 흐뭇한 생각이 드는 것은 무엇인가?

다시 생각해 보니, 이것이 바로 변화의 힘이었다. 1년 전, 변화의 길을 선택했다. 수많은 자기계발서를 읽으며 마음으로만 받아들이지 않고 나름대로 실천하려고 애써왔다. 그에 힘입어 어느 정도 자신을 혁신하게 된 것은 아닐까?

나는 내 운명과 미래, 모든 걸 걸고 맹세하겠다.

오늘, 내 삶에 혁명을 일으키겠다고. 그리고 훗날 큰 사람이 되어 이렇게 회고할 것이다.

"이렇게 내가 성공하고, 크나큰 사람이 되게 된 것은 2005년 4월 16일 깨달음에서 비롯되었습니다. 나 자신의 각성을 위한 성찰 덕분입니다. 그 후 나는 자기계발에 위해 충실한 삶을 살아왔고, 그 덕분에 현재의 나를 만들었습니다. 나의 성공은 젊은 시절의 성찰에서 비롯되었습니다. 그 작은 변화가 내 운명을 바꾸어 놓았습니다."

왜 20여 년 전의 일기를 책에 담았을까?

첫 번째 이유는, 그때 맹세했던 스스로와의 약속을 지키기 위해서다. 나는 인생의 불운을 탓하지 않았고, 정체 모를 도둑을 저주하는 데 시간을 쓰지도 않았다. 대신 그것을 전화위복의 계기로 삼아 미래를 향해 더 정진했다. 피해자 의식에 갇히지 않으려 했고, 불운을 변화의 출발점으로 삼으려 했다.

두 번째 이유는, 나처럼 곤궁한 상황에 놓인 사람들에게 위안을 전하고 싶어서다. 남들에겐 적은 금액일지 몰라도, 당시의 나에게는 공부를 이어가는 데 꼭 필요한 돈이었다. 좌절할 수 있는 상황이었지만 하루 만에 그 사건을 다른 시각으로 바라봤다. 한 달 치 월급을 잃었지만 더 큰 교훈을 얻은 셈이다. 책에서 배운 긍정의 태도를 실제 삶에서 발휘할 기회였다.

스물한 살의 나는 이미 알고 있었다. 실패는 나를 담금질할 뿐만 아니라, 바라보는 관점에 따라 나를 빛내는 경험이 될 수 있다는 것을 말이다. 실패를 재정의할 수 있다면 삶을 훨씬 현명하게 살 수 있다. 그래서 그 시절의 도난 사건조차 자산으로 삼았다. 실패를 자산화할 수 있다면, 그는 진정으로 낙관적 삶을 사는 사람이다. 결국 직진형 인간은 실패마저 삼켜 더 크게 성장한다.

넘어진 자리에서 무기를 얻어라

블로그에 과거 이야기를 솔직히 털어놓기 시작하자 나를 지지하는 사람들이 늘어났다. 첫 저서 《처음으로 공부가 재밌어지기 시작했다》에는 어려운 상황 속에서도 공부에 몰입했던 생생한 경험이 담겨 있다.

책을 읽은 학생들로부터 '공부할 용기를 얻었다'는 메시지를 자주 받는다. 만약 내가 실패를 겪지 않았다면, 누구에게도 영향을 줄 수 없었을 것이다. 과거의 실패담은 나를 드높이는 자산이 되었고, 실패를 대하는 태도는 누군가에겐 희망이 되었다.

실패가 희망이 될 수 있는 이유는 전진하다 겪은 실패가 단순한 불운이 아니라 자산이 되기 때문이다. 가치는 과정 속에 숨어 있다. 비록 목표에 도달하지 못했더라도, 그 과정에서 얻은 배움과 역량은 사라지지 않는다. 언제든 다시 일어설 수 있는 힘이 된다.

최종 목표에 이르지 못했더라도, 그 경험을 통해 새로운 기술을 익혔다면 그것만으로도 절반은 성공이다. 그리고 언젠가 완전한 성과를 낼 때, 실패 속에서 다져진 역량은 강력한 자산이 된다.

중요한 것은 '포기하지 않는 정신'이다. 그러므로 결과에 매달리기보다 과정에 집중해야 한다. 스스로에게 물어보자.

"이번 과정에서 무엇을 배웠는가?"

"어떤 점에서 더 숙련되었고, 또 어떤 새로운 기술을 얻었는가?"

배운 것이 있고, 그것을 실제로 활용할 수 있다면 다음번 승률은 반드시 높아진다. 실패의 경험은 버려야 할 짐이 아니라, 다음 도전을 위한 자산이다.

《뇌는 어떻게 결정하는가》의 저자 조나 레러는 '실력을 높이는 가장 효과적인 방법은 실수에 주목하는 것'이라고 강조한다. 실수는 좌절의 대상이 아니라 분석과 성장의 계기로 삼아야 한다. 우리는 실패에서 가능한 한 많은 지혜를 찾아내야 한다. 패배 뒤에 교훈을 얻고 그것을 다음 도전에 적용한다면, 더 이상 실패는 패배가 아니다. 그 순간, 실패는 승리의 밑거름이 된다.

또한 지금은 실패 극복을 높이 평가하는 시대다. 과거에는 실패가 낙인이었지만, 이제는 그것을 딛고 일어난 경험이 오히려 신뢰와 매력을 높이는 자산이 된다. 도전과 극복은 사회가 주목하는 서사이며, 실패담은 값진 경험이자 강력한 스토리 자원이 된다. 사람들은 역경을 이겨낸 언더독underdog에 열광하며, 그 이야기 속에 자신을 비춘다. 인생은 스스로 써 내려가는 이야기이고, 실패는 그 안의 한 장면일 뿐이다. 결국 실패 극복을 자기 브랜딩의 초석으로 삼는 순간, 그것은 곧 빛나는 자산으로 변한다.

목표에 도달한 사람 중 흉터 없는 이는 없다. 실패는 자랑스러운 훈장으로 품고, 좌절은 삼켜 영양분으로 바꿔라. 직진형 인간은 실패마저 흡수한다. 살다 보면 실망과 낙담의 계곡을 여러 번 건너야 할지도 모른다. 중요한 건 그 자리에서 일어나 다시 앞으로 뛰어드는 일이다. 포기하지 않고 나아가는 모습은 나 자신뿐 아니라 타인까지 감화시킨다. 실패해도 당당히 직진하고 있음을 세상에 보여라. 그 모습에서 용기를 얻고 다시 일어서는 사람이 생긴다. 도전 속에서 겪는 모든 실패는 자산이 되며, 그 자산은 다음 도약의 발판이 된다.

아무 행동도 하지 않는 것보다 실패가 훨씬 낫다. 실패는 더 이상 치부가 아니다. 오히려 극복의 과정이 가산점이 되는 시대다. 고난을 이겨낸 이야기만큼 매력적인 서사는 없다. 그러니 패배를 숨기지 마라. 직진하다 맞은 일격이라면 사람들은 당신을 응원할 것이다. 직진하지 않으면 결국 성공도, 실패도, 그 어떤 경험도 남지 않는다. 남는 건 무색하게 흘러간 시간의 그림자뿐이다.

직진으로 잃을 것은 없다. 들인 노력은 모두 경험이 되고, 그 경험은 언젠가 더 큰 기회를 만든다. 직진하지 않으면 활력을 잃고, 우유부단에 묶여 생기 없는 일상만 남는다. 직진형 인간은 실패마저 자산으로 삼는다. 이제는 '위대한 패배'가 가능한 시대다.

실패를 끝이 아닌 성장의 과정으로 받아들이자. 숨기지 말고 당당히 드러내자. 세상은 실패에도 불구하고 계속 나아가는 자를 존중한다. 행동으로 여정을 증명하라. 전진의 실패는 낙오가 아니라, 더 큰 도약을 위한 무기다.

실패를 자산으로 만드는 6가지 실천 가이드

실패는 삶에 남겨진 가장 날것의 자산이다. 그것은 단순한 감정의 잔재가 아니라 분명한 행동의 흔적이다. 직진형 인간은 그 흔적을 외면하지 않는다. 오히려 실패를 기록하고, 분석하고, 공유함으로써 전환점을 만든다. 실패는 성장의 설계도이자 다음 도전을 여는 가장 강력한 단서다.

1. 실패를 마주하라
"실패의 본질은 멈춤이 아니라 통과 의례다"

스스로 겪은 실패를 정면으로 직시하라. 실패는 감출 일이 아니라 기록하고 성찰해야 할 자산이다. 삶의 전환점을 만들어 준 실패 경험이 있는가? 그렇다면 그것은 이미 당신의 서사다. 블로그든 일기든 기록으로 남겨라. 실패를 재정의하는 순간, 그것은 자산으로 바뀐다.

2. 도전자의 자세로 끝까지 밀어붙여라
"실패해도 도전한 모습은 성공이다"

패배했어도 전력을 다한 사람에게는 박수가 따라온다. 치열한 도전은 결과와 무관하게 강렬한 인상을 남긴다. 중요한 건 결과가 아니라 태도다. 끝까지 밀어붙였다면 이미 '존경받는 패자'다.

3. 실패를 공유하고 반전 스토리로 전환하라
"진심이 담긴 도전은 사람들을 움직인다"

실패했다고 숨지 말고, 여전히 도전하고 있다는 사실을 드러내라. 사람들은 약자의 반전 서사에 더 감동하고, 공감하며 응원한다. 당신의 이야기는 누군가의 다음 도전을 시작하게 하는 불씨가 된다. 실패는 고립이 아니라 연결의 계기다. 진심이 담긴 공유는 공감의 다리를 놓고 영향력을 확장한다.

4. 실패에서 배운 점을 정리하고 확장하라

"피드백은 실패를 자산으로 만드는 핵심 도구다"

아무것도 배우지 못한 실패가 진짜 실패다. 경험을 되짚고 문제를 분석하며, 무엇을 바꿔야 할지 점검하라. '피드백 리포트'를 남겨라. 그 기록이 다음 실행을 더 정교하게 설계한다.

5. 실패의 스토리를 본업에 연결하라

"실패는 당신만의 브랜딩 자원이 된다"

실패는 약점이 아니라 자원이다. 특히 지금 하는 일과 연결할 수 있다면 강력한 신뢰 자산이 된다. 공감 가능한 스토리로 정리하고, 경험에서 얻은 암묵지를 명시지로 바꾸어 공유하라. 진심이 담긴 서사는 누군가에게 용기가 된다.

6. 실패를 다음 실험의 출발점으로 삼아라

"실패는 끝이 아니라 다음 프로토타입이다"

실패는 실행의 산물일 뿐, 인생의 끝이 아니다. 감정에 휩쓸려 무너지지 말고, 그 실패를 다음 시도의 설계서로 바꿔라. 빗나간 지점을 분석하고 보완책을 세운 뒤 다시 시도하라. 애플, 구글, 테슬라 같은 혁신 조직도 실패를 다음 단계의 '프로토타입'으로 삼는다. 당신도 마찬가지다. 실패는 미완의 설계도이자 다음을 위한 밑그림이다.

실패는 종착지가 아니라 방향을 바꿔주는 이정표다. 직진형 인간은 실패의 고통을 피하지 않고 그것을 삶의 에너지로 바꾼다. 실패를 감추지 말고 드러내라. 도망치지 말고 재구성하라.

지금까지의 실패가 당신을 무너뜨렸다면, 이제는 그 위에 새로운 길을 세워라. 실패는 재료이고, 당신은 그 재료로 걸작을 빚어낼 창조자다.

반복되는 실패의 심리적 매듭을 끊어라

성공보다 실패에 끌리는 이유

《직진형 인간》 집필을 마무리하던 어느 날, 무의식 깊은 곳에서 '실패를 향한 의지'가 조용히 고개를 들었다. 그 유혹은 날마다 다른 모습으로 다가왔다. 어떤 날은 '이 정도면 충분해. 이제 대충 써도 돼'라는 속삭임으로 들려왔다. 또 어떤 날은 '오늘 하루쯤은 영화 보며 쉬자'는 달콤한 제안이 나를 흔들었다. 이렇게 교묘한 핑곗거리들이 자주 집필을 방해했다.

사실 오래전부터 이런 타협의 속삭임과 마주해왔고, 그때마다 자주 넘어졌다. 그리고 후회하면서도 같은 패턴을 반복했다. "다음에 하면 되지"라는 말은 그 순간엔 달콤했지만, 제자리로 끌어당기는 보이지 않는 사슬이었다. 하지만 지금은 다르다. 이제는 성장을 방해하는 유혹, 즉 실패로 이끄는 속삭임을 거절할 수 있게 됐다. 그러기 위해 먼저 알아차려야 했다.

'왜 성공을 꿈꾸면서도 실패에 이끌리는가?'

삶에는 '성공에의 의지'와 함께 '실패에의 의지'도 존재한다. '실패에의 의지The Will to Fail'는 무의식적으로 실패를 향해 움직이는 심리 상태를 말한다. 일종의 자기 파괴 행동, 즉 '셀프 사보타지self-sabotage'라고도 한다. 의식적으로는 잘하고 싶지만, 무의식적으로는 스스로를 방해하는 모순된 상태다.

누구나 한 번쯤 경험했을 것이다. 예를 들면 시험, 면접, 결혼 등 중요한 일을 앞두고 엉뚱한 행동을 하는 경우다. 시험 직전에 게임에 빠지는 것은 단순히 재미 때문이 아니라, 시험의 압박을 피하고 싶은 마음 때문이다. 겉으로는 게으름처럼 보여도 그 안에는 무의식적인 회피가 숨어 있다.

시험 준비, 과제 제출, 업무 마감 등을 앞두고 갑자기 방 청소를 시작하거나, 평소 하지 않던 딴짓에 몰두하는 경우도 있다. 또는 진급 심사를 앞두고 일부러 일을 대충 하는 사람도 있다. 그 이유는 단순하다. 결과가 두렵기 때문이다. 실패의 책임을 온전히 감당할 용기가 없으니 애초에 '최선을 다하지 않는 자신'을 만들어 핑곗거리를 남겨두는 것이다. "내가 정말 열심히 했으면 잘했을 텐데"라는 말은 자존심을 지키기 위한 방어기제다. 이런 실패의 보험은 무력감을 학습했거나 완벽주의 성향을 가진 사람에게서 자주 나타난다.

  심리학적으로는 압박감에서 벗어나려는 회피, '전부 아니면 전무'식 사고, 완벽하지 않으면 시작조차 못하는 태도, 반복된 실패가 남긴 자기비하와 무력감 등으로 설명할 수 있다. 원인은 다양해도 본질은 같다. 그것은 모두 실패를 향한 무의식적 끌림, 즉 실패에의 의지다.

  물론 의식적으로 실패를 원하는 사람은 없다. 그러나 무의식은 종종 우리를 반대 방향으로 끌고간다. 자기 방해가 반복되면, 처음엔 무의식이었더라도 점차 의식적인 습관으로 굳어진다. 그 결과 자신도 모르게 가능성과 행복을 스스로 가로막는 사람이 되어버린다.

  이 심리는 단순히 나약하거나 게으른 탓이 아니다. 오히려 과도한 압박감, 완벽주의, 낮은 자존감, 회피 등이 실타래처럼 엉키며 형성된 깊은 심리 패턴이다. 중요한 건 자각이다. "나는 지금 나를 방해하고 있지는 않은가?"라고 스스로 물어보자. 무의식의 유혹을 알아차리는 순간, 우리는 비로소 자유로워질 수 있다.

  이 악순환을 끊는 가장 확실한 방법은 하나다. 바로 행동하는 것이다. 완벽하게 준비된 다음이 아니라, 두려움이 엄습하는 바로 그 순간 작더라도 단호하게 움직여야 한다. 성공은 거창한 비전에서 시작되지 않는다. 실패를 부추기는 수많은 유혹을 넘어서는 작은 실천들이 모여 만들어진다.

  오늘도 우리는 실패의 유혹과 마주할 것이다. 그때 이렇게 말해보자.

  "알아. 이게 어떤 유혹인지. 그래도 오늘은 그냥 해볼 거야."

  단 한 번이라도 그 유혹을 거절하는 순간, 우리는 이미 성장의 궤도에 올라선 것이다. 실패로 향하는 충동보다 단호한 한 걸음이 훨씬 강하다.

익숙한 실패를 끊고 낯선 성공을 선택하라

  왜 사람들은 실패를 반복할까? 익숙함 때문일까, 아니면 새로운 길이 두려워서일까?

실제로 같은 실패를 되풀이하는 사람들을 자주 보게 된다. 한 대학생은 1학년 때부터 졸업 직전까지 매년 의대를 목표로 수능 시험을 봤다. 1학년 때 반수를 시도했지만, 캠퍼스 생활과 친구 관계를 포기하지 못해 공부에 전념하지 못했다. 2학년 때 또다시 반수에 도전했지만 상황은 달라지지 않았다. 수능 직전에만 벼락치기를 했고, 한 해를 휴학하는 게 손해라고 생각하며 늘 절반만 걸친 선택을 반복했다. 결국 졸업 전까지도 수능 시험에 응시했지만 결과는 변함없었다.

그에게 필요했던 것은 실패의 원인을 직시하고, 구조적인 변화를 꾀하는 일이었다. 하지만 많은 사람들은 실패를 낳은 조건 속에 머문 채, '이번엔 다를 거야'라는 자기최면으로 같은 실패를 반복한다. 지난 실패의 원인을 알면서도 스스로를 속이며 합리화한다.

실패를 만든 조건에 그대로 머무는 한 결과는 달라지지 않는다. 변화 없이 같은 길을 걷는다면 인생은 끝없이 제자리만 맴돈다. '이번엔 잘 될 거야'라는 막연한 기대보다 '이번엔 다르게 간다'는 실천이 필요하다. 전과 다른 길을 선택해야만 이전과 다른 궤도에 올라설 수 있다.

우리는 의도적으로 실패를 선택하지 않는다. 겉으로는 누구나 잘하고 싶어 한다. 그러나 무의식은 우리를 익숙한 실패의 자리로 되돌린다. 실패가 반복되면 처음엔 아프지만 점점 무뎌진다. 그리고 그 익숙함이 어느새 성공 의지를 꺾는 함정이 된다. 그렇게 반복된 선택은 마치 애초부터 실패를 원했던 것처럼 보이게 한다. 이것이 바로 '무의식적 실패 욕구'다.

생산적인 목표는 때로 자아를 위협한다. 책임과 기대는 압박이 되고, 그 압박은 회피를 불러온다. 무의식은 실패를 통해 그 부담에서 벗어나려 한다. 시험을 앞두고 '코로나에 걸리면 좋겠다'고 생각하는 학생, 시험이 다가오자 "교통사고라도 났으면 좋겠다"고 말한 고시생. 이들이 바라는 것은 단순한 탈출구다. 피치 못할 사고나 질병은 죄책감 없이 실패할 수 있는 핑계가 되기 때문이다. 스스로 포기하면 자존심이 상하지만, 외부 상황 탓이라면 덜 부끄럽게 도망칠 수 있기 때문이다.

의도적으로 불행을 선택하는 사람은 없다. 그러나 무의식은 종종 자기 파괴적 충동을 일으킨다. 직진형 인간은 그 충동과 맞선다. 직진은 바로 그 내면의 저항을 넘어서는 실천이다. 익숙한 실패로 끌어당기는 무의식을 거슬러, 의식적으로 낯선 성공을 선택해야 한다. 그러려면 먼저 자신의 심리 패턴을 이해해야 한다. 실패 쪽으로 향하는 마음을 알아차리고, 그 순간 망설임 없이 성공의 방향으로 몸을 이끌어야 한다.

직진은 늘 낯설지만, 바로 그 낯섦이 성장의 입구다. 내면의 속삭임을 바꿔라. '실패에의 의지'가 아니라 '성장에의 의지'로 방향을 전환하라.

회피를 끊는 강력한 설계의 힘

학생들을 가르치며 실패로 향하는 심리 패턴을 자주 보았고, 그것을 끊어내는 방법을 제시해 왔다. 특히 입시가 길어진 N수생들은 과거의 실패를 반복하는 경우가 많았다. 예를 들어, 이성 교제에 빠져 공부를 소홀히했던 학생이 '다음에는 그러지 않겠다'고 다짐해도 비슷한 상황이 오면 또다시 같은 함정에 빠지는 것이다.

지금 제자 중에 5수생과 4수생이 있다. 지도받기 전까지 각기 다른 이유로 3~4년간 같은 실패를 반복했다. 그들 모두 매년 자기관리가 필요한 독학을 선택했지만, 자기 방임에 빠져 루틴을 지키지 못했다. 실패할 때마다 '게을러서 그렇다'며 자책하고, '다음엔 정신 차리자'고 다짐했지만 결과는 달라지지 않았다.

올해 초, 그 수험생들은 내게 도움을 청했다. 각자의 상황에 맞춰 할 수밖에 없는 루틴을 설계했다. 4수생은 독재학원에 등록해

아침 8시부터 밤 10시까지 공부하게 했다. 귀가 후에는 잠들기 전까지 추가 학습을 하고, 공부한 내용과 시간을 인증해 보고하게 했다. 작년 수능에서 수학 4등급이던 그는 지금 모의고사에서 1등급을 받는다.

5수생은 집안 형편상 도서관 기반 루틴을 만들었다. 스마트폰에 인터넷 차단 앱을 설치하고 비밀번호를 내가 관리했다. 매일 아침 도서관 입실 인증 사진을 보내고, 공부 시간 기록을 보고하게 했다. 그 결과, 하루 6시간 공부하던 학생이 지금은 매일 12~14시간을 채운다.

이 변화는 그들의 의지가 갑자기 강해져서 생긴 게 아니었다. 첫 번째 계기는 자신의 '회피 심리'를 정확히 자각한 것이었다. 나는 환경과 습관을 바꾸지 않으면, 결심만으로는 실패를 반복할 수밖에 없다는 점을 설명했다. 두 번째 계기는 그 인식을 토대로 '할 수밖에 없는 환경'을 설계한 덕분이었다.

사람은 쉽게 변하지 않는다. 결심과 상관없이 과거의 선택을 반복하며 실패를 되풀이한다. 실패는 늘 달콤하게 속삭인다.

"이번 한 번쯤은 괜찮아."

"내일부터 제대로 하면 되잖아."

그 유혹은 우리를 안전해 보이는 패배 속에 머물게 한다. 의지는 쉽게 변덕을 부리고, 자아는 그 변덕에 휘둘린다. '실패에의 의지'는 단순한 게으름이 아니라, 실패에 길든 심리가 블랙홀처럼 우리를 끌어당기는 힘이다. 이 상태를 깨려면 의지가 아니라 틀을 바꿔야 한다. 누구나 환경이 바뀌면 생각과 행동이 달라진 경험이 있을 것이다. 익숙함을 깨뜨려야 비로소 새로운 선택이 가능해진다.

'직진에의 의지'는 결심 하나로 생기지 않는다. 사고 습관, 환경, 루틴이 맞물린 시스템에서 자란다. 회피를 이기는 힘은 강한 의지가 아니라 촘촘하게 설계된 구조에서 나온다. 마음을 끌어당기는 환경을 바꿔라. 새로운 구조에 들어설 때 비로소 새로운 내가 시작된다.

'실패에의 의지'를 '성장에의 의지'로 바꾸는 6가지 실천 가이드

왜 우리는 성공을 원하면서도 자꾸 실패를 반복할까? 이는 단순히 능력의 문제가 아니라 실패에 길든 무의식 때문이다. 직진형 인간은 성공에 대한 의지를 단순한 바람으로 두지 않는다. 실천으로 단련하고 구조를 바꾸며, 무의식을 새롭게 설계한다.

1. 자신의 실패 패턴을 인식하라

"왜 나는 그 행동을 반복하는가?"

반복되는 실패는 의도보다 무의식의 익숙함에서 나온다. 변화는 깨닫는 인식에서 시작된다. 자신을 제삼자의 시선으로 관찰하라. 자꾸 미루는가? 중요한 순간마다 무기력해지는가? 그 행동이 언제, 어떤 이유로 나타나는지 구체적으로 기록하라. 무의식을 언어로 번역하는 순간, 의식이 깨어난다.

2. 시스템을 만들어라

"의지를 믿지 말고 구조를 설계하라"

의지는 언제든 흔들린다. 그래서 믿을 건 의지가 아니라 구조다. 실패를 유도하는 구조를 차단하고, 성공을 부르는 환경을 만들자. 즉 '할 수밖에 없는 상황'을 설계하는 것이다. 코칭을 받거나, 챌린지에 참여하거나, 모임이나 주변 사람들에게 실행을 공언하면 효과가 배가된다.

3. 작은 성공을 반복하라

"성공은 감각이다"

2리터 물 마시기, 글 한 편 쓰기, 10분 운동처럼 사소한 약속부터 완수하라. 그 작고 확실한 승리를 기억하고 스스로 칭찬하라. 이런 반복이 실패에 길든 뇌를 성공 감각에 익숙하게 만든다.

4. 완벽보다 완수를 택하라

"결과가 아닌 전진을 중시하라"

결과만 바라보면 금세 좌절한다. 100%가 어렵다고 해서 0%로 끝내지 말자. 80%의 완수도 괜찮다. 직진형 인간은 '완벽'보다 '완수'를 택한다. 예상과 달라져도 멈추지 말고, 유연하게 조정하며 앞으로 나아가라.

5. 자기 행동을 기록하고 피드백하라

"기록은 기억보다 강하다"

실행 과정, 실패 원인, 환경 변화 등을 꾸준히 메모하라. 컨디션을 떨어뜨리는 음식, 글이 잘 써지는 시간대 같은 개인 데이터를 모아라. 다양한 경험을 가시화하면 같은 실수를 줄일 수 있다. 성공한 날을 기록하면 성취감이 쌓여 다시 행동할 힘이 생긴다.

6. 무의식을 재설계하라

"익숙한 실패보다 낯선 성공을 학습하라"

"나는 할 수 있어."

"지금 하면 돼."

자기 확언을 반복하라. 무의식은 반복된 메시지에 길들여진다. 성공한 자신의 모습을 구체적으로 그려라. 낯설고 불편했던 성공의 습관은 익숙하게 길들이고, 이미 익숙해져 버린 실패의 습관은 점점 낯설고 어색하게 밀어내야 한다.

당신 안에는 이미 성공의 힘이 잠들어 있다. 그 힘을 깨우는 방법은 단순하다. 익숙한 실패의 습관을 끊고, 새로운 성공의 길을 연습하는 것이다. 성공은 다짐이 아니라 매일의 실천이 쌓여 만들어진다.

행운의 양을 늘려라

우리 삶을 채우는 세렌디피티

스무 살 무렵, 비관적인 마음으로 바닷가를 향한 적이 있다. 어린 마음에 뜻대로 풀리지 않는 운명에 크게 실망했던 것이다. 물질적인 가난은 견딜 만했지만 매일 밤 부모님의 다툼을 들으며 공부해야 했고, 때로는 싸움을 말려야 했다. 그런 날들이 이어지면서 의욕을 잃어갔다.

그 겨울, 무거운 마음으로 바다를 향하던 내 앞에 한 차량이 멈춰 섰다. 기독교 전도를 다니던 차였다. 아저씨가 내려 전단지 하나를 건네주었는데, 거기에는 '스스로 생을 끊으면 지옥에 갑니다'라는 문구가 적혀 있었다. 종교는 없었지만, 그 순간만큼은 운명의 이끌림처럼 이상하게 마음이 멈춰 섰다. 결국 마음을 다잡고 집으로 발길을 돌렸다.

겉보기엔 단순한 우연이었지만 내겐 방향을 바꾸는 계기가 되었다. 가끔 힘들 때면 지금도 그 순간을 떠올리곤 한다. 여전히 종교를 믿지는 않지만, 그때 나를 붙잡아 준 보이지 않는 초월적 존재를 상상해 본다. 삶은 때때로 의도치 않은 순간에 다른 길을 열어준다는 사실을, 나는 그날 처음 알았다.

우리가 흔히 보는 영화나 드라마에도 이런 장면이 많다. 주인공이 평소와 다른 선택을 하거나 낯선 길로 들어섰을 때, 예기치 않은 사건이 벌어진다.

예를 들어 영화 〈이터널 선샤인〉에서 짐 캐리는 회사를 빠져나와 즉흥적으로 기차에 오른다. 그곳에서 한 여자를 만나 사랑에 빠진다. 알랭 드 보통의 《왜 나는 너를 사랑하는가》에는 비행기 옆자리에 앉은 여자에게 운명적인 사랑을 느끼는 남자 주인공이 등장한다. 그는 그녀가 자기 옆자리에 앉게 된 우연을 확률로 계산하며, 그 만남이 특별한 운명이라 믿는다. 알랭 드 보통은 이렇게 말한다.

"우리가 매력을 느끼는 것은 계획이 아니라 우연이다."

이처럼 이야기 속 우연은 때로 작위적으로 보이기도 한다. 그러나 현실에서 우연은 종종 우리 삶을 비추는 거울이 되기도 한다. 지금의 자신을 만든 사건들을 돌아보면, 얼마나 많은 우연들이 얽혀 있는가. 뜻밖의 순간들이 퍼즐처럼 맞아떨어지며 삶을 앞으로 밀어주기도 한다.

직진형 인간은 이 우연을 그냥 흘려보내지 않는다. 그에게 우연은 세렌디피티, 즉 의미와 통찰을 품은 창조적 행운이다. '세렌디피티Serendipity'는 동화《세렌디프의 세 왕자》에서 유래했다. 세렌디프 왕은 아들 셋의 견문을 넓히기 위해 여행을 보낸다. 그 여정에서 왕자들은 지혜로 위기를 극복하고, 우연 속에서 중요한 것을 발견한다.

이처럼 세렌디피티는 무언가를 찾다 뜻밖에 더 귀중한 것을 얻게 되는 발견을 의미한다. 단순한 요행이 아니라, 길 위에서 끊임없이 움직이는 자에게 주어지는 선물이다.

콜럼버스를 떠올려보자. 그는 아시아를 향했지만 뜻밖에 아메리카 대륙에 도달했다. 목적지에서 멀어졌다고 생각하는 순간, 오히려 더 큰 발견을 맞이하기도 한다. 세렌디피티는 우리가 계산하지 못한 궤도 속에서 불쑥 모습을 드러낸다. 멈추지 않고 움직일 때 비로소 눈에 띈다.

운은 누구에게나 한 번쯤은 찾아온다. 그러나 세렌디피티는 '움직이는 자'에게만 허락된다. 우연의 얼굴을 한 필연이며, 끝까지 걸어가는 사람이 얻는 선물이다. 어쩌면 당신의 삶의 갈림길에도 우연을 가장한 작은 신호가 다가올지 모른다. 중요한 건 멈추지 않는 것이다. 그 순간을 알아보고 붙잡는 사람은 결국, 계속 걷는 사람이다.

눈먼 행운과 영리한 행운

성공한 사람들은 하나같이 행운의 존재를 인정한다. 어떤 행운은 로또처럼 내 힘과는 상관없이 찾아온다. 반면 어떤 행운은 세렌디피티처럼 사람의 움직임과 실행에서 비롯된다. 행운은 크게 두 가지로 나눌 수 있다.

첫 번째는 '눈먼 행운 blind luck'이다. 우리가 흔히 떠올리는 전형적인 '운'으로, 대표적인 예가 로또 1등 당첨이다. 어떤 기술도 필요하지 않다. 단지 1/8,145,060 확률에 달린 일일 뿐이다. 내가 사든, 대기업 회장이 사든 확률은 똑같다. 이처럼 눈먼 행운은 오롯

이 확률의 문제일 뿐, 의지나 실력과는 무관하다.

두 번째는 '영리한 행운smart luck'이다. 적극적 활동에서 비롯되는 행운으로, 바로 세렌디피티에 해당한다. 끊임없이 탐색하고 실험하며 실행하는 이들에게 영리한 행운이 따른다. 이것은 움직이는 사람에게만 찾아온다. 실행하고 도전하는 사람일수록 '기대하지 않았던 기회'와 마주칠 가능성이 커진다.

눈먼 행운은 일회성이다. 내 통제 밖에 있다. 하지만 영리한 행운, 세렌디피티는 스스로 개입할 수 있는 행운이다. 반복된 실행과 호기심, 그리고 그 과정에서 만나게 되는 예기치 못한 기회가 합쳐져 만들어진다.

세렌디피티는 소파에 앉아 있는 사람에게는 찾아오지 않는다. 그것은 무작위의 요행이 아니라 열린 시선에서 비롯되고, 관찰과 탐색에서 포착되며, 꾸준한 행동으로 탄생한다.

대학교 1학년 겨울방학, 다음 학기에 필요한 수백만 원의 학비와 생활비가 없었다. 처음에는 일급이 높다는 이유로 막노동을 했다. 그러나 몸이 버티지 못해 다른 방법을 찾아야 했다. 곳곳의 버스 정류장을 돌며 과외 전단지를 붙였다. 손은 얼고 바람은 차가웠지만 멈추지 않았다. 일주일도 되기 전에 10명의 학생이 모였고, 다행히 학비는 해결됐다.

그러나 더 큰 행운은 가르치는 일에 소질이 있다는 뜻밖의 깨달음이었다. 처음에는 생계를 위한 행동이었지만, 그 길 위에서 인생의 또 다른 가능성을 발견한 것이다. 움직이는 사람에게는 늘 예기치 못한 행운이 따른다.

행운을 부르고 싶은가? 방법은 단순하다. 많은 자극을 접하고, 계속 실험하라. 넘어져도 다시 시작하면 된다. 용기를 가지고 꾸준히 나아갈 때, 기회는 스스로 만들어진다.

당신이 A라는 목표를 향해 달려가면, A에 도달할 수도 있지만 뜻밖에 B와 C라는 새로운 기회를 만나기도 한다. 내가 블로그를 시작한 이유는 책을 내기 위해서였다. 그런데 저서 한 권으로 끝나지 않았다. 강연과 수업의 기회를 넘어 새로운 인연과 성장의 공동체까지 얻게 됐다. 책을 쓰기 위해 시작했지만, 결국 책 너머의 더 넓은 세상을 선물받았다.

이것이 바로 세렌디피티다. 세렌디피티는 운 좋게 발견하는 보물 지도가 아니다. 매일 꾸준히 움직이는 사람의 발끝에서 천천히 드러나는 길이다. 직진형 인간은 그 길 위에서 우연을 발견하고, 그것을 기회로 바꾼다. 멈추지 않는 한, 행운은 반드시 삶의 궤도 위에 나타난다.

세렌디피티를 설계하는 법

행운을 불러오는 가장 좋은 방법은 무엇일까? 바로 많은 일을 시도하는 것이다. 그중 일부는 반드시 행운으로 이어진다. 그리고 그 시작은 언제나 목표를 향한 '직진'이다.

미국 제3대 대통령 토머스 제퍼슨은 이렇게 말했다.

"나는 운을 신봉하는 사람이다. 그리고 더 열심히 일할수록 더 많은 운이 따른다는 것을 잘 알고 있다."

꾸준한 노력은 결국 행운을 만든다. 직진은 그것을 가능하게 한다.

나는 집안 사정이 어려운 상황에서도 포기하지 않고 치열하게 공부했다. 그런 모습을 본 사람들이 도움을 주곤 했다. 교재를 선물해 준 친구가 있었고, 프린터가 없던 내게 수백 장의 자료를 대신 출력해 준 친구도 있었다. 부탁하지도 않았는데도 손수 도와준 것이다. 꾸준히 블로그에 공부 일지를 쓰던 모습을 보고 본인이 쓰던 노트북을 주겠다고 한 직장인도 있었다. 정말 고마웠지만 그 제안은 정중히 거절했다. 수능 당일에는 손목시계를 빌려주신 선생님도 계셨다. 공부를 시작하기 전에는 행운을 느껴본 적이 없었다. 그런데 목표를 향해 직진하자, 놀랍게도 곳곳에서 행운이 찾아왔다.

이 경험은 자신을 드러낼 때 기회가 이어진다는 사실을 일깨워 주었다. 블로그에 꾸준히 글을 쓰는 것만으로도 다양한 기회를 얻었다. 공부법을 올리면 수업 요청이 들어왔고, 칼럼을 쓰면 강연 제안이 이어졌다. 특정 주제를 다루면 관련 도서 출간 제안을 받았다. 이처럼 자신을 드러낼 때 기회는 자연스럽게 연결된다. 영화 감독 우디 앨런은 이렇게 말했다.

"성공의 80퍼센트는 일단 눈에 띄는 것이다."

계속 문을 두드리지 않으면 아무도 존재를 알아봐주지 않는다. 그런 점에서 블로그와 유튜브 같은 플랫폼은 세렌디피티를 불러오는 강력한 무대다. 더 나아가 꾸준한 기록이 책으로 이어진다면, 그 자체가 또 하나의 기회를 낳는 마중물이 된다.

움직임은 작은 흐름을 만들고, 그 흐름은 또 다른 연결로 확장된다. 그래서 나는 앞으로도 책을 많이 쓸 것이다. 여러 권 중 하나가 새로운 행운을 가져다줄 수도 있기 때문이다. 단순한 이치 같지만, 이런 반복이 종종 삶의 기회를 바꾼다. 성공하고 싶은 분야가 있다면 많이 행동해야 한다.

세렌디피티를 일으키려면 모든 일이 잘될 것이라는 믿음으로 계속 전진해야 한다. 움직여야 우연의 요소가 생긴다. 우연은 변수가 아니라 삶에 필수적인 상수다. 우연을 불확실성으로 여기지 말고, 기회로 끌어안아야 한다. 그러나 많은 사람들은 확실성만 좇으며 어떻게든 위험을 피하려 한다. 예측 가능성만 추구하다 보면 세렌디피티는 일어나지 않는다. 모든 일에는 세렌디피티가 숨어 있다. 그 사실을 이해할 때 비로소 스스로 행운을 설계할 수 있다.

아무리 불확실하고 비관적인 상황이라도 손을 놓고만 있지 않는다면, 끊임없는 시도 끝에 뜻밖의 기회를 만나게 된다. 행운은 멈추지 않는 발걸음 속에서 피어난다. 길 위에서만 새로운 만남과 발견이 가능하다. 창조적 충돌 역시 움직임에서 비롯된다. 무언가를 하고 있을 때 비로소 아이디어가 떠오른다. 우리가 찾아야 할 기회는 늘 움직이는 존재다. 그것을 붙잡기 위해 우리도 멈추지 않고 움직여야 한다.

세렌디피티는 의도적으로 찾아낸 결과가 아니다. 적극적으로 움직이는 과정에서 예기치 않게 마주친 것이다. 이런 우연성이야말로 세렌디피티의 묘미다. 그것은 단순한 무작위성과는 다르다. 세렌디피티를 맞이한 이들은 침대에 편히 누워 있거나 소파에서 빈둥거릴 때가 아니라, 세상을 탐험하며 몰입해 나아갈 때 행운을 불러모았다.

결국 세렌디피티는 스스로 만들어낸 행운이다. 진취성이 불러낸

응답이자, 발을 내디뎠기에 만난 기회다. 우연은 단서일 뿐, 그것을 기회로 바꾸는 사람은 행동하는 이다. 창조적 우연은 움직이는 궤도 위에서 드러난다. 그리고 그 신호는 우리가 한 발 더 내디딜 때 찾아온다.

세렌디피티를 끌어당기는 6가지 실천 가이드

흥미롭게도 '세렌디피티'라는 단어 자체에 세렌디피적인 요소가 담겨 있다. 1754년, 호레이스 월폴이 쓴 수천 통의 편지 중 단 한 번, 즉흥적으로 사용한 이 단어가 2세기 뒤 대중적으로 퍼진 것이다. 월폴은 이 단어의 운명을 상상이나 했을까? 세렌디피티는 이처럼 극적이고 낭만적이다.

우리 삶에도 세렌디피티는 찾아온다. 계속 점을 찍어라. 무작위처럼 찍힌 점들을 이어가다 보면, 언젠가 별처럼 연결되어 찬란한 순간을 만들어낸다.

1. 목적이 없더라도 일단 움직여라

"실행이 기회를 창조한다"

세렌디피티는 가만히 있는 자에게 찾아오지 않는다. 목표가 분명하지 않아도 괜찮다. 중요한 건 먼저 움직이는 것이다. 우연은 움직이는 자의 편이다. 독서 모임, 블로그 글쓰기, 강연 참여, 새로운 사람과의 대화 등 다양한 방식으로 움직임의 양을 늘려라. 지금 흩뿌린 작은 시도가 내일의 길을 만든다.

2. 우연이 스며들 여백을 일상에 만들어라

"즉흥성과 자유의 공간을 허하라"

계획과 효율만으로는 뜻밖의 발견이 일어나지 않는다. 샤워, 산책, 사색, 대화, 여행, 실수, 잡담. 이런 느슨한 틈에서 우연은 스며든다. 가끔은 계획 없는 시간을 의도적으로 허락하라. 창의적 우연은 숨통이 트인 공간에서 찾아온다.

3. 연결하라, 그리고 노출하라

"네트워크가 세렌디피티를 키운다"

사람과 사람, 콘텐츠와 사람 사이의 접점을 늘려라. 생산적인 모임에 참여하고, SNS에 글을 올리며, 블로그에 생각을 기록하

라. 기회는 결국 사람을 통해 온다. 연결이 많을수록 우연은 더 쉽게 달라붙는다. 당신이 어디에 있는지 세상에 드러내야 행운도 길을 찾아온다.

4. 호기심을 키우고 질문하라
"탐구는 우연을 기회로 바꾼다"
호기심은 창조적 우연을 불러오는 근육이다. 새로운 것을 시도하고, 질문하고, 조사하며, 배우려는 자세를 갖추자. 닫힌 세계가 아닌 열린 세계로 나아가라. 경외심과 탐구의 태도를 지닌 사람에게 세상은 신비로운 아이디어를 선물한다.

5. 드러내라, 그리고 표현하라
"비전은 공유될 때 기회를 부른다"
꿈은 숨기면 연결되지 않는다. 무엇을 원하는지, 어디로 향하고 있는지를 세상에 밝혀라. 당당히 말하고 행동으로 보여라. 당신의 표현을 본 누군가가 동지가 되고, 그 순간 기회의 문이 열린다. 창조적 우연은 방향이 분명한 사람에게 먼저 찾아온다.

6. 꾸준히 행동하라

"반복된 실행이 행운을 불러온다"

세렌디피티는 예측할 수 없는 통찰이다. 그러나 그 우연은 꾸준한 실행 속에서 태어난다. 한 번 더 시도하라. 글을 더 쓰고, 책장을 더 넘기고, 질문을 더 던져라. 행동하지 않으면 우연은 스쳐 지나간다. 꾸준함 위에서만 창조적 우연은 뿌리를 내린다.

모든 시작은 불확실하고, 모든 기회는 예기치 않게 찾아온다. 그러나 한 가지는 분명하다. 행동하는 사람만이 그 기회를 붙잡는다. 지금 당신은 어떤 가능성을 향해, 무엇을 실행하고 있는가?

3장
삶을 지탱하는 직진의 마인드셋

과거나 미래가 아닌 현재에 집중하라

왜 행동해야 하는가?

직진형 인간은 행동으로 자신의 뜻을 구현한다. 그렇다면 왜 행동해야 하는가?

1. 행동하면 무엇이 효과적이고 무엇이 아닌지 직접 알 수 있다.
반대로 움직이지 않는다면 어떤 가능성도 확인할 수 없다. 우리는 종종 하지 않은 선택 때문에 더 큰 회한을 품는다.
마크 트웨인은 이렇게 말했다.

"20년 뒤 당신은 한 일보다 하지 않은 일로 후회하게 될 것이다."
그리고 이렇게 덧붙였다.
"배를 묶은 밧줄을 풀고 안전한 항구를 벗어나 항해하라. 돛에 무역풍을 가득 담아 탐험하고, 꿈꾸고, 발견하라."

2. 행동은 자기 이해의 출발점이다.
무엇을 좋아하고 무엇을 싫어하는지 알게 해준다. 자기 자신이 누구인지 모른 채 살아가는 것만큼 비참한 일은 없다.

3. 행동은 피드백을 부른다.
실행해야만 개선의 기회가 생긴다. 성장은 결국 유의미한 피드백에서 비롯된다.

4. 행동은 자신감을 되살린다.
두려움은 머릿속에서 커지고, 실행 속에서 줄어든다. 행동은 두려움의 환상을 깨뜨리는 해방구다.

5. 행동해야 동료와 귀인을 만날 수 있다.

평론가가 아닌 행동가 곁에 사람들이 모인다. 기회는 늘 움직이는 자를 중심으로 돌아간다.

6. 꾸준한 행동은 능숙함으로 이어진다.

실전 경험이야말로 우리를 성장시킨다. 이론은 생각을 넓혀주지만, 부딪히고 반복하는 과정이 우리를 단련시킨다. 현장에서만 얻을 수 있는 감각이 있다.

7. 행동은 꿈과 현실을 이어주는 유일한 다리다.

걷지 않으면 누구도 목적지에 도착할 수 없다. 생각은 공중에 머물지만, 행동은 삶에 흔적을 남긴다.

무엇보다 행동해야 하는 가장 큰 이유는, 바로 행동 그 자체에 깃든 힘 때문이다. 괴테는 이렇게 말했다.

"오늘을 서성거리며 흘려보낸다면 내일도, 그다음 날도 미적거릴 뿐이다. 망설임은 지연을 낳고, 세월은 흘러가 우리는 잃어버린 시간을 탄식하게 된다. 그대가 진지하다면 지금 이 순간을 잡아라. 과감함에는 천재성과 힘, 그리고 마법이 있다. 마음을 쏟으면 결심은 굳건해지고, 시작하면 일이 완성된다."

행동에는 시작한 사람만이 느끼는 특별한 마력이 있다. 어떤 일은 막상 해보면 생각보다 수월하게 풀리기도 한다. 우리가 움직이는 순간, 현실도 반응하며 새로운 흐름을 만들어낸다. 예상치 못한 만남, 우연한 기회, 뜻밖의 도움까지 자연스레 따라온다. 정체돼 있던 세계가 결단과 함께 움직이기 시작하는 것이다. 그제야 우리는 묻게 된다.

'이 길은 어디에 숨어 있었던 걸까?'

사실 길은 늘 있었고, 다만 우리가 멈춰 서 있었을 뿐이다.

창조는 움직이는 자에게만 응답한다. 직접 부딪혀봐야 비로소 깨닫게 되는 진실이다. 적극적인 사고는 기회를 끌어당기고, 진취적인 태도는 긍정을 불러온다. 여기에 행동이 더해질 때 변화는 현실이 된다. 번민 속에서는 어떤 기적도 없다. 방향을 잡고 한 걸음을 내딛는 순간 상상하지 못했던 힘이 발휘되고, 예상 밖의 사건이 펼쳐진다.

인생이 막히고 풀리지 않는다고 느껴진다면, 책상 앞에서 고민만 거듭하기보다 먼저 몸을 움직여야 한다. 행동은 곧 '지금, 여기서, 나답게 살겠다'는 선언이다. 행동하는 순간 삶의 흐름은 달라진다. 그 힘을 믿고 지금 당장 시작하라.

그 길을 가지 않으면 후회한다

도전이든 안주든, 위험은 피할 수 없다. 다만 그 위험의 성격이 다를 뿐이다. 도전의 길은 불확실하고 고단하다. 그러나 회피하며 그 자리에 머무는 것도 또 다른 위험을 품고 있다. 하고 싶던 일을 미뤄둔 채 생의 말년에 "이건 내가 원하던 삶이 아니었어"라고 중얼거리게 될 수도 있다.

우선순위가 아닌 일에 소중한 시간을 허비하다 보면, 어느새 인생의 후반부에 도달해 있을지도 모른다. 꿈을 향해 나아간 사람들을 부러워하며, '왜 한 번도 나를 위해 살아보지 못했을까' 하고 자책할 수도 있다. 직진을 피할 때 우리가 맞닥뜨리는 위험은 훨씬 크다.

첫째, 내 가치관과 맞지 않는 일을 억지로 해야 하는 위험.

둘째, 정말 하고 싶었던 일을 미루다 인생의 말년을 맞는 위험.

셋째, 한 번뿐인 삶에서 제대로 된 나로 살아보지 못하는 위험.

넷째, 우선순위가 아닌 일에 소중한 시간을 허비하는 위험.

다섯째, 도전한 사람들을 부러워하며 자기 삶을 한탄하게 되는 위험.

여섯째, '이건 내가 원하던 삶이 아닌데'라는 후회 속에서 무기력하게 시간을 흘려보내는 위험.

나 역시 책을 쓰지 않고도 잘 살 수 있었다. 본업만으로도 만족스러웠고, 재정적으로도 부족함은 없었다. 하지만 스무 살부터 품어온 꿈을 외면하고 싶지 않았다. 여전히 내 안에는 꺼지지 않은 갈망이 있었다. 아직 늦지 않았다는 마음으로, 20년 가까이 묵혀두었던 꿈을 꺼내 다시 작가에 도전했다. 그 결과 지금 이렇게 두 번째 책을 세상에 내놓을 수 있게 됐다.

물론 집필에 쏟은 시간과 에너지를 본업에 집중했다면, 수입 면에서는 더 나았을지도 모른다. 지난 2년 반 동안 블로그에 3,000편의 글을 쓰고, 책 원고만 A4 용지 500매를 집필했다. 피로와 스트레스가 쌓여 흰머리가 늘었고, 가족과 함께하는 시간도 줄었다. 그 모든 과정에는 분명한 희생이 따랐다.

하지만 후회하지 않는다. 직진을 선택한 순간, 영혼은 단단해졌고 삶의 밀도는 깊어졌다. 매일이 또렷하고 진하게 다가왔으며, 살아 있다는 감각이 온몸으로 분명히 느껴졌다. 이런 실감은 그 길을 직접 걸어본 사람만이 알 수 있다. 그래서 지금도 누군가에게 직진을 권하고 있는지도 모른다.

세상은 직진의 위험을 걱정하지만, 더 큰 위험은 '직진하지 않는 삶'에 있다. 어떤 위험은 우리를 성장시키고, 어떤 위험은 우리를 소멸시킨다. 그렇다면 더 큰 보상이 기다리는 쪽을 선택하자. 사람은 결국 가지 않은 길을 후회한다.

혹시 지금 망설이고 있다면, 스스로에게 물어보자. 직진의 위험과 후회의 위험, 둘 중 무엇이 더 치명적인가? 결국 선택은 우리 몫이다.

머리만 큰 가분수형 인간이 되지 말자

몇 년 동안 쓰던 스마트폰을 바꿨다. 새 기기의 북마크 창은 텅 비어 있었다. 이전 스마트폰에 수백 개나 쌓여 있던 북마크는 흔적도 없이 사라졌다. 그런데도 허전하지 않았다. 곰곰이 생각해보니, 그 수많은 링크를 다시 열어본 적은 거의 없었다. 저장만 해두고, 마치 지식이 늘어난 것처럼 착각했던 건 아닐까. 오래된 서랍을 비워낸 듯 오히려 홀가분했다. 그제야 나는 '정보 수집의 함정'에서 벗어날 기회를 얻었다.

사람은 준비한다는 느낌만으로도 마치 앞으로 나아가는 것처럼 착각한다. 끝없이 새로운 자료를 찾는 일은 은근히 중독적이다. 북마크가 늘어날수록 무언가 쌓이는 기분이 들지만, 사실은 접근

성만 높아졌을 뿐 내 것이 된 건 없다. 정보가 머릿속에 차곡차곡 쌓인 듯 보여도 그것은 착각일 뿐이다.

이런 식으로 수집에만 집착하면 행동은 점점 미뤄진다. 그렇게 되면 머리만 큰 가분수형 인간이 된다. 무거운 머리를 지탱할 몸은 턱없이 빈약하며, 실행되지 않는 아이디어는 결국 아무 의미가 없다. 앞으로 나아가려면 오히려 과도한 자료 찾기를 줄여야 한다. 정보를 모으지 말라는 게 아니다. 다만 정보만 붙잡은 채 제자리에 머무는 태도를 경계해야 한다. 탐색은 실행과 맞물려야 하고, 그 피드백이 다시 행동으로 이어져야 한다. 정보는 본래 수단이지 목적이 아니다.

자료와 실력은 다르다. 리서치 결과는 단지 가능성일 뿐, 내 것이 아니다. 겉보기에 열심히 공부하는 것 같아 보여도, 실은 행동을 미루는 포장일 수 있다. 그렇게 생각만 늘어난 가분수형 인간이 되는 것이다.

상상해보라. 언젠가 책을 쓰겠다며 10년 넘게 소재만 모으는 예비 작가가 있다면 어떻게 될까? 그의 컴퓨터에는 수천 개의 폴더가 있을지 몰라도, 실제 원고에는 단 한 줄도 없을 것이다.

우리 역시 스스로에게 물어야 한다. 저장해 둔 정보 가운데 다시 꺼내 본 것은 얼마나 되는가? 실제로 실행해 본 것은 또 얼마나 되는가?

내 블로그 글은 스크랩 건수가 6만 건이 넘는다. 누군가 포스트를 다시 읽기 위해, 혹은 기억해 두기 위해 담아간 횟수다. 그런데 문득 궁금해진다. 과연 그분들은 담아간 글을 다시 읽었을까? 아니면 저장만 해두고 다른 글 속에 묻혀 버렸을까?

사실 정보 긁어모으기는 끝이 없다. '조금만 더'라는 마음은 끝없이 무언가를 찾게 만든다. 그러나 그렇게 쌓인 건 공허한 자기만족일 뿐이다. 이것이 끝없는 탐닉의 함정이다. 완벽하게 준비하고 시작하려는 생각은 애초에 버려야 한다. 부족한 점은 직접 부딪히면서 채우는 편이 훨씬 현실적이다. 달리면서 배우는 편이 낫다. 완벽을 기약하며 준비만 거듭하다 보면 시작조차 못 하고 평생을 유예할 수도 있다.

다시 읽지 않을 수백 개의 북마크가 무슨 소용이 있을까? '준비 중'이라는 명분으로 인터넷 서핑만 이어가고 있지는 않은가. 쌓아둔 정보는 아무리 많아도 내 경험이 되지 않는다. 진정한 실력은 직접 부딪치며 시행착오를 거치는 과정에서 길러진다. 자료 수집은 내가 똑똑해지고 있다는 착각만 불러일으킬 뿐이다. 이제는 직접 뛰어들 차례다. 변화가 **빠른** 세상에서는 언제나 배워야 할 것이 새롭게 생긴다. 기다릴 이유가 없다.

행동하면서 필요한 것은 그때그때 채워 나가면 된다. 부족한 점은 직접 부딪히며 보완하는 편이, 완벽을 기약하며 미루는 것보다 훨씬 낫다. 모든 걸 다 준비하고 시작하려 하면, 시작할 수 없는 날만 늘어날 뿐이다. 예기치 못한 변수는 언제든 나타난다. 처음부터 깨지며 배우겠다는 각오가 필요하다. 남이 모아둔 정보로는 착각만 키울 뿐이다. 몸으로 부딪히며 얻은 결과만이 온전히 나의 것이다.

준비보다 실행이 먼저다. 준비만 하다 시간을 잃는 건 가장 어리석은 전략이다. 직진형 인간은 정보를 모으는 사람이 아니라, 정보를 쓰는 사람이다.

인사이트 대신 아웃사이트를 추구하라

깊이 있는 생각이 먼저일까, 행동이 먼저일까? 우리는 대개 '생각이 먼저'라고 배워왔다. 하지만 순서를 바꾸면 어떤 변화가 일어날까?

'아웃사이트outsight'는 행동을 통해 통찰에 도달하는 방식이다. 인시아드 경영대학원의 허미니아 아이바라 교수는 《아웃사이트》에서 이렇게 말한다.

"생각을 바꾸고 싶다면, 먼저 행동을 바꿔라."

아리스토텔레스 또한 좋은 행위의 반복이 좋은 품성을 만든다고 강조했다. 필요한 덕목은 그것에 맞는 행동을 통해 내면에 뿌리내린다. 변화는 안에서 밖으로가 아니라, 밖에서 안으로 이끌려야 한다.

우리는 종종 이런 조언을 듣는다.

"OO가 되려면 OO처럼 행동하라."

셰익스피어 역시 "갖추지 않은 미덕이 있다면, 그것을 갖춘 듯이 행동하라"고 했다. 리더가 되고 싶다면 리더처럼, 성공하고 싶다면 성공자처럼 움직여야 한다. 그렇게 '밖에서 안으로'의 변화가 시작된다.

아웃사이트의 핵심은 단순하다. 행동을 우선하라. 새로운 프로젝트와 실험에 먼저 뛰어들어라. 닮고 싶은 사람들과 교류하고, 낯선 방식을 과감히 시도하라. 도전 경험이 쌓일수록 낡은 습관과 사고의 틀은 무너지고 새로운 자신이 드러난다.

나 역시 한때는 인사이트 중심이었다. 충분히 준비된 뒤에야 도전할 수 있다고 믿었고, 그래서 준비만 늘어갔다. 행동의 자리는 생각으로 대체되었고, 결국 움직이지 못했다. 그러다 아웃사이트를 이해한 뒤 흐름이 바뀌었다.

통찰은 행동에서 태어난다. 머릿속을 맴도는 생각은 과거 경험의 반복일 뿐이다. 새로운 길을 열려면 먼저 움직여야 한다. 물론 탁월한 사유만으로 답을 찾는 이들도 있다. 그러나 대부분의 사람에게는 행동이 먼저고, 생각이 그 뒤를 따라오게 해야 한다.

생각만으로는 어떤 변화도 일어나지 않는다. 운동의 중요성을 아무리 강조해도, 실제로 시작하지 않으면 효과를 알 수 없다. 일단 몸을 움직여 땀을 흘려야 그 필요와 가치를 온몸으로 깨닫는다. 행동하기 위해 생각하지 말고, 생각할 수 있도록 행동하라. 출발하면 길이 보이고, 움직여야 정신도 창조적으로 깨어난다. 결국 앞으로 나아가는 유일한 방법은 부딪혀 보는 것이다.

실행 없는 생각은 성장으로 이어지지 않는다. 실행 없는 생각은 깨달음이 아니다. 배움을 얻으려면 생각의 바깥에서 자극을 받고, 그 체험을 사유로 이어가야 한다. 인사이트 자체를 부정하는 게 아니다. 깊은 통찰은 사유와 영감 속에서 태어난다. 다만 그곳에 닿기 위해서는 먼저 아웃사이트를 실천해야 한다.

생각은 누구나 한다. 중요한 것은 그것이 행동으로 이어지느냐다. 거의 모든 성취는 시행착오에서 태어났다. 부딪히며 해답을 찾아간 것이다. 우리는 아웃사이트를 추구하는 경험주의자가 되어야 한다. 이것이 곧 직진형 인간의 철학과 맞닿아 있다.

훌륭한 판단은 처음부터 나오지 않는다. 과거의 서툰 판단과 실수가 남긴 피드백 위에서 더 나은 판단이 자란다. 경험이 길러 준 사고력과 판단력만이 흔들리지 않는 나의 것이다.

지금 뛰어들어라. 직진형 인간은 행동하며 깨닫는 사람이다.

직진하는 성장형 마인드

어떻게든 되겠지

"어떻게든 되겠지"라는 말은 체념이나 요행을 바라는 독백이 아니다. '에라, 모르겠다'는 무책임한 포기와도 다르다. 단순히 운에 맡기며 "잘 풀리겠지"라고 스스로를 달래는 말도 아니다. 그 속에는 분명한 믿음이 있다. 방법을 찾고, 상황에 적응하며 끝내 극복하리라는 자기 확신이다. 아직 보이지 않아도 결국 해낼 수 있다는 행동의 낙관이다.

'어떻게든 되겠지'는 무책임한 방관이 아니라, 불확실성을 뚫고 앞으로 나아가게 하는 용기의 언어다.

  정말 하고 싶은 일이 있다면 일단 뛰어들어라. 완벽한 준비보다 실행이 낫다. 실패와 실수조차 배움의 일부다. 어떻게든 되겠지라는 마음으로 막막한 상황에 몸을 던지면, 의외로 일이 풀리곤 한다. 조금 서툴더라도 헤쳐 나가다 보면 어느 순간 길이 열린다. 끝없이 준비만 하며 머뭇거리는 것보다, 부족한 채로 시작하는 편이 오히려 성공 확률을 높인다.

  이 말은 아직 보이지 않는 미래를 긍정하는 태도다. 지금은 어떻게 풀릴지, 어떤 길로 나아갈지 알 수 없다. 하지만 구체적인 해답은 나아가는 과정에서 드러난다. 성장할수록 예전에는 보지 못했던 해결책을 찾아내기도 한다. 결국 미래의 자신을 믿으려면, 지금의 노력을 믿어야 한다. 현재의 꾸준함이 미래를 만든다. 결과는 미래의 몫으로 남겨 두고 오늘 할 일에 충실하면 된다. '어떻게든 길이 열릴 것'이라는 믿음이야말로 우리를 앞으로 이끄는 희망의 근거다.

  블로그를 시작한 지 1년 만에 영향력 있는 블로거가 되었다. 처음에는 평판을 얻는 법도 팬을 만드는 방법도 전혀 몰랐다. 만약 그 노하우를 연구하는 데 몰두했다면 제때 시작하지 못했을 것이다. 그래서 우선 시작했다. '어떻게든 하다 보면 되겠지'라는 마음으로 글을 쓰며 묵묵히 밀어붙였다. 그러자 점차 나만의 방식이 만들어졌다.

　누구나 처음엔 미약하다. 힘이 되는 것은 근거 없는 확신이 아니라, 꾸준히 개선하는 자신에 대한 믿음이다. 간절한 목표가 있다면 때를 기다리지 말고 지금 시작하라. 시작과 지속은 미처 알지 못했던 내 힘을 끌어낸다.

　우리는 흔히 확실한 미래가 보장돼야만 시도한다. 그러나 그런 태도야말로 발목을 붙잡는 덫이다. '어떻게든 되겠지'는 자기 자신을 믿고, 불확실성 속에서도 길을 열어가겠다는 긍정의 언어다. 불완전함을 견디는 사람이 결국 길을 만든다. 직진형 인간은 확신이 있어서 움직이는 것이 아니라, 확신을 만들기 위해 먼저 실행하는 사람이다.

　'어떻게든 되겠지'라는 믿음으로 하루를 담대하게 시작하라. 결과는 내일의 몫이다. 지금은 오늘의 나를 믿고 한 걸음을 내디뎌라. 불완전해도 괜찮다. 어떻게든 되게 만드는 힘은 결국 오늘의 실행에 있다.

답은 가면서 찾는다

성공은 탁월한 첫 구상에서 비롯되지 않는다. 진짜 변별력은 실행에서 생긴다. 직진형 인간은 완벽한 정답이 보일 때까지 기다리지 않는다. 그들은 미지의 세계로 먼저 뛰어들어 부딪히며 길을 찾는다. 목표가 분명하다면 주저하지 말고 시작하라. 뛰면서 생각하라. 생각을 마친 뒤에 뛰겠다는 마음은 결국 망설임으로 끝난다. 행동 속에서 돌파구가 열린다.

생각이 길어지면 걱정에 빠지거나 점점 조심스러워진다. 사람은 익숙한 안정에 머무르려는 성향이 있기 때문이다. 그래서 직진형 인간은 '답은 가면서 찾는다'는 태도를 따른다. 완벽한 전략은 필요 없다. 목적의식과 방향성만 있으면 충분하다. 실행 속에서 보완하고 수정하면 된다.

플랜 A에 집착하지 마라. 중요한 건 '왜' 가는가이지, '어떻게' 갈지는 언제든 도중에 달라질 수 있다. 플랜 A가 막히면 그 자리에서 다시 플랜 B를 만들면 된다. 미리 대안을 세우지 않았다고? 괜찮다. 직진하다 보면 묘안은 도중에 떠오른다. 상황이 바뀌면 플랜 Z까지도 다시 세우면 된다.

중요한 건 완벽한 계획이 아니라 꾸준한 전진이다. 전략은 바뀔 수 있어도 전진은 멈추지 않는다. 유연함이 곧 힘이다.

미래는 언제나 우리의 상상 너머에 있다. 예측할 수 없는 미래를 완벽히 준비하려 애쓰지 말자. 완벽한 때를 기다리지도 말자. 시작하고 나면 계획은 덜 중요해진다. 배우고 나서 시작하는 것이 아니라, 시작하면서 배워야 한다. 머리로 아는 것보다 몸으로 겪는 경험이 훨씬 깊다.

직진형 인간은 무작정 돌진하는 사람이 아니다. 꿈과 이상에는 끝까지 흔들림 없이 직진하지만, 수단과 방법에서는 유연하다. 목표를 향해 곧게 나아가되 필요하면 기꺼이 우회할 줄도 안다. 그래서 시행착오를 두려워하지 않는다. 실패조차 전략의 일부가 되기 때문이다.

직진하다 보면 의도한 결과가 항상 따라오지는 않는다. 실망하지 마라. 당연한 일이다. 아무리 완벽한 결과를 내더라도 외부 변수로 인해 상황은 흔들릴 수 있다.

그러니 불확실성과 예측 불가능성을 담담히 받아들여라. 꿈과 목적의식을 최우선에 두고, 나머지는 언제든 수정할 수 있는 항목으로 여겨라. 직진하는 자에게는 뜻하지 않던 놀라운 결과가 반드시 찾아온다.

미래를 장기적으로 신뢰하고, 자신의 성공을 믿어라. 인생의 세

세한 시나리오에 집착할 필요는 없다. 거시적으로 방향이 옳다면 그것으로 충분하다. 그러니 눈앞의 작은 사건들에 일희일비하지 마라.

직진이란 결국 '미래로의 전진'이라는 태도다. 시작과 끝 사이에는 수많은 길이 존재하므로, 그중 하나에만 매달릴 필요는 없다. 시행착오를 두려워하지 말고 나아가면서 답을 찾아라.

아직도 제자리에서 답을 기다리고 있는가? 직진형 인간에게 답은 늘 길 위에 있다. 생각이 아닌 걸음이 길을 만든다.

용기의 값은 지금이 가장 싸다

에이미 윌킨슨은 《크리에이터 코드》에서 일론 머스크와 나눈 대화를 전한다. 머스크는 먼저 이렇게 말한다.

"나는 실패에 대한 걱정이 아주 많은 사람이에요. 정말 그래요. 몹시 두려워하죠."

그리고 곧 한 마디를 덧붙인다.

"어떤 게 정말로 중요하다면, 아니, 정말로 중요하다고 믿는다면 아무리 겁이 나도 계속 밀고 나가야 합니다."

2024년 12월, 그는 인류 역사상 최초로 개인 재산 4,000억 달러를 넘어섰다. 세계 최고 부자답게 그는 두렵더라도 멈추지 않고 전진해야 한다고 강조한다. 윌킨슨은 머스크 같은 창조적 기업가들을 '남들이 인정하든 말든 꿋꿋이 나아가는 사람들'이라 부른다. 그들은 직진형 인간의 전형이다.

일론 머스크는 "어떤 일이 충분히 중요하다면, 승산이 없어도 한다"고 말했다. 실제로 그는 스페이스X의 성공 가능성을 10% 미만으로 예상했지만, 실패를 감수하고 도전했다. 잃을 것이 많았음에도 단지 작은 진전이라도 있을 수 있다는 가능성 하나로 몸을 던진 것이다.

머스크는 스스로 두려움이 많은 사람이라고 고백하지만, 동시에 "두려움은 자연스럽다. 하지만 두려움을 느껴도 행동을 멈추지 말라"고 조언한다. 그에게 두려움은 멈춤의 이유가 아니라 도전의 신호다. 열정이 생기면 주저하지 않고 과감히 모험을 감행한다. 그래서 이렇게 말한다.

"무언가 실패하고 있지 않다면 충분히 혁신하고 있지 않다."

두려움은 인간에게 본능적인 감정이다. 진정한 용기는 두려움이 사라졌을 때가 아니라, 두려움과 함께 나아가는 힘이다. 머스크 같은 억만장자조차 겁을 느끼지만, 자신이 믿는 가치가 있기에 직진한다. 우리 역시 떨린다면 그 떨림과 함께 나아가야 한다. 겁나더라도 가치 있는 일이라면 반드시 시작해야 한다.

용기의 비용이 비싸고 위험했던 시절은 이미 지났다. 인류는 오랜 세월 생존을 위해 모험을 경계하도록 진화해 왔다. 수십만 년 전 원시 시대를 떠올려보라. 무모한 객기로 맹수에게 잡아먹힌 이들도 많았다. 살아남은 것은 신중하고 몸을 사리는 선택을 한 이들이었다. 그 본능은 지금도 우리 안에 남아 있다.

문명이 시작된 이후로도 사정은 크게 다르지 않았다. 괜히 나섰다가 목이 잘리거나 혹독한 형벌을 당하는 경우가 허다했다. 수백 년 전 전제정치 체제 아래에서는 권리와 자유가 거의 없었다. 그 시대에 용기를 내어 잘못 발언하거나 새로운 시도를 했다가는 오히려 더 큰 불행을 자초하기 일쑤였다. 얌전하게 사는 것이 최선의 생존 전략이었다.

불과 몇십 년 전까지만 해도 사회는 실패를 용납하지 않았다. 제도는 유연하지 않았고, 패자부활전이라는 개념도 없었다. 한 번의 실패가 곧 인생 전체의 몰락으로 여겨졌다. 그래서 도전보다는 안정, 용기보다는 타협을 택하는 것이 합리적으로 보였다.

그러나 지금은 다르다. 이제 대담함은 형벌이 아니라 영광을 가져온다. 용기의 비용은 낮아졌고, 실패의 값은 그 어느 때보다 저렴해졌다. 한때는 실패가 곧 목숨을 잃는 일이었지만, 오늘날 자유주의 사회에서 실패는 감당 가능한 수준의 손실일 뿐이다. 실패의 부담이 줄어든 시대에는 오히려 많이 시도하고 자주 실행하는 쪽이 유리하다. 인생에는 삼진아웃이 없다. 몇 번 실패한다고 물러나야 하는 경기가 아니다. 승패는 한 번의 결과가 아니라, 던진 횟수에서 갈린다.

그러니 더 이상 머뭇거릴 이유가 없다. 실패를 두려워하기보다 그 실패마저 끌어안을 각오로 직진하라. 어차피 우리 삶을 담보로 하는 일은 거의 없다. 이제는 실패의 대가보다 성공의 보상이 훨씬 더 크다. 지금은 실패를 피하는 시대가 아니라, 실패를 자산으로 바꾸는 시대다.

성취하고 싶은가? 더 나아진 삶을 원하는가? 탁월한 성공, 의미 있는 변화를 갈망하는가? 그렇다면 반드시 기억해야 한다. 실패는 피할 수 있는 게 아니라 반드시 겪어야 하는 것이다. '실패할 수도 있다'는 가능성이 아니라 '실패해야만 한다'는 필연이다. 그러니 예상보다 두 배는 더 실패하라. 오히려 실패의 횟수만큼 성공에 가까워진다.

지그 지글러는 이렇게 말했다.

"초심자의 시도 횟수보다 대가의 실패 횟수가 더 많다."

직진형 인간은 이 말을 이해한다. 그들은 계속 시도하고 꾸준히 도전한다. 긴 안목으로 보면 더 빨리 실패할수록 더 빨리 성공에 이른다. 오직 아무것도 하지 않는 사람만이 실수하지 않는다.

여기서 말하는 실패는 무책임하거나 비윤리적인 실패가 아니다. 타인에게 해를 끼치는 실패도 아니며, 회피 끝에 찾아온 후퇴의 실패도 아니다. 직진형 인간이 맞닥뜨리는 실패는 오직 목적을 향한 전진의 실패다. 그것은 시행착오이자 배움의 대가이며, 절반의 승리에 해당한다.

이제는 실패를 자산으로 삼을 수 있는 시대다. 실패의 시대가 아니라 도전의 시대다. 더 이상 용기는 벌을 부르지 않는다. 오히려 용기를 내고 실패를 끌어안을수록 우리는 더 멀리 나아간다. 그러니 겁내지 말고 지금 움직여라. 실패의 비용은 저렴해졌고, 도전의 가치는 그 어느 때보다 크다.

당신의 자격은 당신이 만든다

답은 가면서 찾는다는 건, 준비보다 실행이 앞서야 한다는 뜻이다. 그리고 실행 그 자체가 곧 자격이 된다.

나는 법학을 전공했지만, 수능 수학을 21년 동안 가르쳐왔다. 수학 공부법 책도 냈고, 글도 잘 쓴다는 이야기를 자주 들었다. 블로그도 글쓰기 하나로 크게 키웠다. 그런데도 종종 "문과 출신이신 줄 알았는데, 수학을 전공하셨군요?"라는 말을 듣는다. 아니다. 나는 수학을 전공하지 않았다. 다만 수학이 좋았고 가르치는 일이 즐거웠다. 수능 이후에는 미적분과 기하를 독학했고, 학생들을 가르치면서는 교수법을 연구했다. 전공주의에 주눅 들거나 자격을 기다리지 않았다. 그냥 시작했고 계속해 나갔다.

　7등급으로 시작해 10개월 만에 수능 수학 1등급을 받은 제자가 있었다. 성과가 쌓이자 입소문이 났고, 이후로는 전공을 묻는 사람은 없었다. 실력으로 증명한 것이다. 문과 출신 수학 강사는 드물지만 내가 가능했던 이유는 단순하다. 자격보다 행동이 먼저였기 때문이다.

　'자격주의'란, 무언가를 시작하려면 먼저 승인을 받아야 한다는 생각이다. 일정한 자격을 갖춘 뒤에야 도전할 수 있다고 믿는 태도다. 그러나 사람들의 시작을 가로막는 것은 능력 부족이 아니라, '내가 이 일을 할 자격이 있을까'라는 자기 검열이다.

　직진형 인간은 자격주의를 버린다. 외부의 허락은 필요 없다. 자격은 누가 주는 게 아니라 스스로 증명하는 것이다. 우리는 권위에 눌려 남에게 '그럴듯해 보이는 사람'으로 보이기 위해 준비에만 몰두하다가 정작 행동은 미루기 일쑤다. 하지만 적당한 준비가 됐다면 실행하면서 배우는 쪽이 훨씬 빠르다.

물론 자격이 반드시 필요한 영역도 있다. 의사가 되려면 의대에 가야 하고, 변호사가 되려면 변호사 시험에 합격해야 한다. 이런 전문직에는 면허증이라는 장벽이 있다. 그러나 그 외 대부분의 일은 다르다.

과거에는 소설가가 되려면 신춘문예에 당선돼야 했지만, 지금은 누구나 글을 쓰고 독자의 선택을 받을 수 있다. 웹툰 작가, 유튜버, 창작자들이 모두 그렇다. 그들은 자격을 발급받은 게 아니라, 행동하며 자격을 만들어갔다.

한국 사회는 여전히 자격에 민감하다. 학력과 자격증을 안전장치처럼 여기는 문화 때문이다. 하지만 '자격을 갖춘 뒤에 시작하겠다'는 생각은 결국 행동을 미루는 방식일 뿐이다. 반대로 생각하라. 시작한 뒤에 자격을 갖춰나가면 된다. 무엇보다 열정이 자격을 만들어낸다. 내공이 쌓이면 평판이 되고, 평판이 쌓이면 명성이 된다.

나 역시 지금도 수학을 연구하고, 학습심리학 관련 도서를 100권 이상 읽으며 수업에 적용하고 있다. 교수법을 꾸준히 다듬으며 자격과 권위를 쌓아가고 있다.

누군가 자격을 줄 때까지 기다리지 마라. 면허가 필요한 직업이 아니라면, 그 누구도 우리에게 자격증을 발급해주지 않는다. 그 권리는 우리 자신에게 있다.

내가 하려는 일에 정말 자격이 필요한가? 필요하다면 그 기준은 어디까지여야 하는가? 혹시 막연한 불안 때문에 스스로를 가두고 있는 건 아닌가? 완벽해야만 시작할 수 있다고 착각하고 있는 건 아닌가? 그렇다면 작게라도 시작하라. 블로그 글 한 편, 지인을 대상으로 한 무료 강의, 짧은 영상 하나. 이런 작은 실행들이 쌓여 결국 당신만의 자격이 된다.

"내가 해도 될까?"

"이 일을 할 자격이 있을까?"

자기 의문은 버리고 남의 시선에서도 벗어나라. 조금쯤은 **뻔뻔**해도 된다. 중요한 건 당당하게 시작하는 것이다. 지나친 성찰은 자기 불신으로 이어져 행동을 막는다.

시작해야 실력을 쌓을 수 있다. 자격은 그렇게 스스로 만들어가는 것이다. 스스로 권위를 세우고, 묵묵히 실행의 길을 이어가라. 그러다 보면 개성을 살려 자신만의 방식으로 성장할 수 있다. 자격은 결국, 시작하고 끝까지 이어가는 자에게만 돌아가는 특권이다.

부탁을 주저하지 말아라

 부탁하고 싶었지만 괜히 민폐일까 봐 주저하거나, 말 한마디면 해결될 일을 혼자 떠안아 더 힘들었던 경험은 누구나 한 번쯤 있다. 그러나 거절당해도 괜찮으니 일단 부탁해보자. 아직 거절당하지 않았다면, 시도할 기회가 남아 있는 것이다.

 사람들이 요청을 주저하는 가장 큰 이유는 두려움 때문이다. 상대가 불쾌해하지 않을지, 거절당하면 상처받지 않을지 걱정한다. 하지만 거절은 결코 우리 자아에 대한 공격이 아니다.

 미국에선 매년 약 5천만 명이 새로운 직장에 들어간다. 그런데 신입사원 4명 중 3명은 제시된 연봉보다 높은 금액을 요구하지 않는다. 반면, 채용 담당자 10명 중 9명은 지원자가 요구하면 월급을 올려줄 수 있다고 답했다. 구직자가 협상을 포기하는 사이, 기업은 낮은 금액을 제시하며 기다린다. 그러나 인사 담당자 80%는 협상하는 구직자를 오히려 더 높게 평가했다.

 로빈 핑클리 교수의 연구에 따르면, 협상을 시도했다고 해서 일자리 제안이 철회될 가능성은 거의 없었다. 오히려 평균 7% 더 높은 급여를 받을 수 있다. '요구하기'는 가성비가 뛰어난 전략이다.

 영국 정부 산하 행동조사팀은 도움 요청과 관련해 흥미로운 실험을 진행했다. 뉴욕 한복판에서 낯선 사람에게 휴대폰을 빌릴 수 있는지 물은 것이다. 참여자들은 약 30% 정도만 빌려줄 것이라 예상했지만, 실제로는 48%가 아무 대가 없이 휴대폰을 건넸다.

비슷한 결과가 코넬대학교의 대규모 실험에서도 나타났다. 낯선 사람들에게 요청했을 때 절반 가까이가 긍정적으로 응답한 것이다. 우리는 부탁의 성공률을 실제보다 낮게 생각하지만, 현실은 예상보다 훨씬 더 따뜻하다. 인간은 남을 돕는 과정에서 자기만족과 보람을 느낀다.

생각보다 사람들은 부탁에 긍정적으로 응한다. 필요한 일이 있다면 기꺼이 요청하라. 우리는 거절당할까 봐 요청을 주저하지만, 낯선 장소에서 길을 묻거나 누군가의 실수나 곤란을 알려주는 경험은 누구나 해봤다. 다시는 마주치지 않을 사람일지라도 대부분은 친절하게 반응한다. 우리가 생각하는 것보다 훨씬 더 많은 이들이 도움을 주려는 심리를 지니고 있다.

원하는 것이 있다면 누가 먼저 알아주길 기대하지 마라. 당신의 바람은 말하지 않으면 전달되지 않는다. 마음을 읽어줄 독심술사는 없다. 그러니 먼저 말하고 적극적으로 요청하라.

거절당해도 잃을 것은 거의 없다. 반대로 승낙받았을 때 얻는 건 크다. "안 돼"라는 말을 들었다면, 개인적으로 받아들이지 마라.

중요한 건 요구해야 무언가가 일어난다는 사실이다. 직진형 인간은 두려움 앞에서 먼저 손을 뻗는다.

 물론 모든 요청이 받아들여지는 것은 아니다. 아무리 정중하고 용기 있게 부탁해도 때때로 거절을 마주하게 된다. 거절은 당혹감을 주고 마음에 흉터를 남길 수도 있다. 하지만 직진형 인간은 그 한 번의 '아니요'에 멈추지 않는다. 거절을 감당해내는 사람이야말로 다음 요청의 자격을 갖는다.

 이제 요청 이후의 두려움, 거절 앞에서도 직진하는 법을 이야기해보자.

거절을 거절하라

 요청하는 데도 용기가 필요하다. 하지만 거절당한 뒤 다시 일어서는 데는 더 큰 용기와 내면의 힘이 요구된다. 거절은 누구나 겪는다. 중요한 건 거절당했느냐가 아니라, 거절 앞에서 어떻게 반응하느냐. 그 반응이 우리의 방향을 결정한다.

 지금까지 받아온 거절의 횟수를 떠올려보자. 그 숫자가 적다면 그만큼 몸을 사려왔다는 뜻이다. 거절을 많이 당한 사람일수록 도전을 많이 해본 사람이다. 어떤 이는 '아니요'를 들을 때마다 기가 꺾인다. 반면 어떤 이는 거절을 들을수록 내성이 생기고 두려움이 옅어진다. 그들은 안다. 수많은 '아니요'를 통과해야 비로소 '네'에 도달할 수 있다는 사실을. 직진형 인간은 타인의 거절을 거절하고, 스스로를 승인한다.

스타벅스 회장 하워드 슐츠는 제록스 영업사원 시절, 거절에 대한 저항력을 키웠다. 그는 자신이 맡은 구역의 모든 사무실을 방문하며 워드프로세서를 판매하려 했다.

"콜드콜은 기업가에게 최고의 훈련이다. 수없이 문전박대를 당하면서 얼굴이 두꺼워졌고, 짧은 순간에 제품을 소개하는 멘트를 다듬는 법도 배웠다."

슐츠는 거절을 반복해서 겪으며 끈기와 내성을 기른 것이다.

《부자 아빠 가난한 아빠》의 저자 로버트 기요사키도 첫 사회생활을 제록스 세일즈로 시작했다. 그는 하루 6시간씩 물건을 팔며 거절의 두려움을 극복하는 법을 배웠다. 실패의 횟수가 늘수록 더 많은 것을 배웠고, 마침내 잘 팔 수 있게 되었다. 그러나 책을 내고자 했을 때는 모든 출판사로부터 거절당했다. 그는 포기하지 않고 자비 출판을 선택했다. 당시 그의 나이는 50세였다. 그 결과 세상에 나온 《부자 아빠 가난한 아빠》는 전 세계 4천만 부, 국내에서만 350만 부 이상 팔렸다.

혹시 최근 누군가에게 거절당한 기억이 있는가? 그 기억이 아직 마음에 남아 있는가?

우리는 살아가며 다양한 거절을 겪는다. 거래 제안이 거절되기도 하고, 일상 속 작은 부탁이 거절당하기도 한다. 때로는 자신의 존재가 무시당한 듯 느껴질 때도 있다. 그러나 거부당했다는 이유만으로 자신을 깎아내릴 필요는 없다.

이때 필요한 힘이 바로 회복탄력성이다. 거절은 누구나 겪는 평범한 경험일 뿐이다. 중요한 건 거절 자체가 아니라, 그 앞에서 어떻게 반응하느냐다. 오히려 부족한 부분을 다듬고 다시 도전할 수 있는 기회가 된다.

직진형 인간은 거절에 관대하다. 거절 가능성을 인정하되, 그것이 자신에게 상처가 되도록 두지 않는다. 거절에 무뎌지는 것도 훈련이다. 반복된 실전 속에서 내성이 생기며, 아이러니하게도 거절을 많이 당한 사람이 더 능숙해진다.

'거절을 거절한다'는 건 타인의 판단에 내 가능성을 맡기지 않는다는 뜻이다. 그들의 '아니요'가 곧 나의 '끝'은 아니다. 거절을 맞이할 수 있는 행동을 많이 해보라. 꼭 성공을 바라지 않더라도, 삶을 위해 거절에 익숙해져야 한다. 거절 자체에 인격적으로 상처받지 말고, 오히려 피드백을 받는 기회로 삼아라.

숨이 붙어 있는 한 우리는 계속 시도해야 한다. 꾸준히 실행하려면 거절을 담담히 받아들이고, 그 안에서 배움을 찾아야 한다. 우리가 허락하지 않는 한 타인의 거절은 우리를 무너뜨릴 수 없다. 거절 앞에서도 태연하고 당당해야 한다.

한 번의 거절은 끝이 아니라 새로운 시작이다. 주눅 들지 말고 다시 직진하라. 눈앞의 결과가 아니라 끝까지 가는 자신을 믿어라. 직진형 인간은 거절을 받아들이는 사람이 아니라, 거절에도 불구하고 다시 시도하는 사람이다.

외로움도 직진의 일부다

내가 꿈을 좇기 시작했을 때, 가장 먼저 달라진 것은 주변이었다. 기대보다 걱정이, 응원보다 당황한 얼굴들이 나를 맞이했다.

꿈을 추구하는 행위는 때로 주변을 불편하게 만들기도 한다. 우리가 달라지면 주변 사람들은 당황한다. 새로운 모습에 쉽게 적응하지 못하며 심지어 불편해하기도 한다.

"갑자기 왜 이래?"라는 반응으로 우리를 낯설게 바라볼 것이다.

격려보다는 걱정을 건네는 사람이 더 많다. 내 삶을 변화시키는 일은 결코 혼자만의 일이 아니다. 내가 바뀌면 나와 얽힌 관계에도 균열과 변화가 생기고, 그 파장은 내 삶의 자리까지 흔들어 놓는다.

내면이 성장하면 외부 세계와 충돌이 일어나기도 한다. 누군가는 우리의 변화를 반기지 않는다. 특히 안정을 원하는 사람일수록 변화에 저항하기 마련이다. 우리의 변화가 오히려 그들의 안정을 위협하는 것처럼 보이기 때문이다.

불편함을 느끼는 이도 있지만, 상실감을 느끼는 이도 있다. 꿈을 좇다 보면 가까운 이들과 함께할 시간이 줄어든다. 몰입하는 만큼 주변으로부터 "서운하다"는 말을 듣기도 한다. 그럴 때는 진심으로 이해를 구해야 한다. 이 일이 내게 얼마나 중요한지, 왜 지금 이 길을 가야 하는지 설득시켜야 한다. 나를 진심으로 아낀다면 언젠가는 내 도전을 이해해 줄 것이다.

직진을 위해 '아니요'라고 말하는 순간, '네'를 기대하던 사람들은 실망할지도 모른다. 사랑하는 이들에게조차 내 선택이 이해받지 못할 때 서운해질 수 있다. 직진은 때때로 외로운 길이다. 그럼에도 우리는 나아가야 한다. 이미 충분히 미뤄왔다. 지금은 가야 할 때다.

죄책감에 사로잡히거나 눈치 볼 필요는 없다. 우리는 각자 자기 삶을 책임져야 한다. 지나간 시간은 돌아오지 않는다. 우리가 이 세상에 머물 수 있는 시간은 유한하다. 직진은 불편함을 감수하는 용기의 여정이다.

누군가는 말할 것이다. 지금도 괜찮다고. 변화는 위험하다고. 실패하면 어쩌냐고 붙잡는 이들도 있을 것이다. 두려움이 밀려올 수도 있다. 그러나 용기란 두려움이 없는 상태가 아니라, 두려움에도 불구하고 나아가는 선택이다. 불안을 감수하고 불확실한 미래를 향해 발을 내딛는 것, 그것이 진정한 용기다.

도전하는 길에만 위험이 있는 것이 아니다. 위험은 평범한 일상에도 숨어 있다. 어쩌면 응원과 격려보다는 걱정, 만류, 비판이 먼저 들려올 수도 있다. 때론 "지금도 충분하다"는 말에 마음이 흔들릴 수도 있다. 누군가는 우리의 노력을 방해할지도 모른다. 다정한 얼굴로, 그럴듯한 말로 우리를 멈춰 세우려 할 것이다.

주변의 저항을 넘어서야 한다. 그들을 설득하고, 내 편으로 끌여들여라. 미래를 향해 나아가기로 마음먹었다면 멈추지 말자. 삶에서 원하는 결말이 있는가? 그렇다면 그 꿈을 향해 주저 없이 나아가야 한다. 하지만 마음만으로는 부족하다. 직진에는 전략이 필요하다. 외로움과 저항을 뚫고 나아가려면 더 많이 도전하고, 더 자주 행동하는 힘이 필요하다. 이제 구체적인 방법, 실질적인 전략으로 들어가보자.

작은 실천, 큰 도약

다산다사 전략

많은 양의 실행으로 '다산다사多産多死' 전략을 취하는 것은 강력한 창작 방식이다. '많이 낳고 많이 잃는다'는 이 말은 실패를 감수하며 끊임없이 시도하는 창작자의 태도를 뜻한다. 수많은 생산 속에서 살아남는 소수의 결과물이 우리의 길을 열어준다.

이미 달인의 경지에 오른 사람이라면 소수의 걸작에만 집중해도 된다. 그러나 대부분의 사람에게는 양이 먼저다. 실제로 많은 대가들이 다작을 통해 걸작을 만들어냈다. 피카소는 평생 13만 점이 넘는 작품을 남겼지만, 우리가 아는 명작은 극히 일부다. 그의 명작들은 우연히 태어난 것이 아니라, 수많은 실험과 실패가 쌓여 탄생한 성과였다. 결국 양이 질을 낳은 것이다.

무엇이 성공할지는 누구도 알 수 없다. 기대작이 외면받고, 뜻밖의 결과물이 주목받는 일은 영화, 음악, 드라마, 소설 등 모든 분야에서 자주 일어난다. 성과에는 언제나 운과 우연의 요소가 따르기 마련이다. 그렇다면 차라리 많이 만들어내는 것이 가장 현명한 전략이다.

내 주변에는 단기간에 급성장한 사람들이 많다. 불과 1년 만에 SNS 팔로워 10만 명을 만든 동료, 자기 이름으로 책을 낸 이웃 블로거가 여러 명이다. 그들의 공통점은 하루에 많은 작업량을 쏟아냈다는 것이다. 성공한 작가나 창작자도 초기에는 무명에 가까웠다. 10권 이상의 책을 내고 실력과 평판을 쌓은 뒤에야 신작마다 베스트셀러가 되는 경우가 많다. 나 역시 1년 동안 1,000편의 글을 쓰며 다작에 몰두했고, 그 꾸준함 덕분에 첫 책을 낼 수 있었다. 그 경험이 쌓여 지금의 작가로 성장했다.

물론 예외는 있다. 모든 분야에는 완벽주의자나 천재적 재능으로 빛나는 이들이 존재한다. 콘텐츠 분야도 마찬가지다. 그러나 압도적인 능력이 없다면 압도적인 양으로 승부해야 한다. 이제는 기회를 기다리는 시대가 아니다. 스스로 기회를 만들어야 한다. 온라인 플랫폼을 활용하며, 생각과 아이디어를 당당히 공개하라. 특히 비용과 위험이 크지 않은 분야라면 다작이 곧 성장의 지름길이다. 매일 꾸준히 글, 영상, 아이디어를 내놓다 보면 그중 일부는 뜻밖의 반응을 얻는다.

다산다사 전략은 완벽주의를 경계하고, 임계점을 넘을 만큼 전념하라는 의미를 담고 있다. 대부분의 결과물은 잊히겠지만, 일부는 살아남아 길을 열어준다. 양이 누적될수록 실수를 줄이고, 숙련은 창의로 이어진다. 당신을 성장시키는 것은 몇 번의 큰 성과가 아니다. 그 성과를 가능하게 한 것은 수많은 시도다. 당장 빛나지 않아도 괜찮다. 중요한 건 멈추지 않고 창작을 이어가는 일이다. 그 꾸준한 걸음이 결국 당신을 찬란히 빛나게 한다.

못하기 때문에 더 하라

새로운 도전을 앞두고 '내가 너무 못하지 않을까?' 하는 두려움 때문에 주저한 적은 없는가?

사람들은 못하기 때문에 몸을 사린다. 체면이 걸려 있을 수도 있고, 창피한 경험을 피하고 싶어서일 수도 있다. 완벽주의 때문에 회피하기도 하고, 아직 미숙한 자신의 모습을 마주하기 싫은 마음도 크다. 그러나 못하는 상태에서 계속 시도하다 보면 자연스레 실패와 시행착오에 자주 노출된다. 엉성한 행동, 삐걱대는 과정, 어색하고 낯선 경험은 당연히 따라오기 마련이다.

하지만 초보 단계에서 느끼는 불편함 때문에 주춤거려서는 안 된다. 못할수록 더 많이 해야 한다. 인정하자, 누구나 처음엔 초보다. 다른 분야에서는 전문가일지라도 새로운 영역에서는 초짜일 수밖에 없다. 완벽한 모습을 보이려는 사람도 새로운 것을 익힐 때는 불완전한 시행착오를 겪어야 한다.

특히 완벽주의 성향이 강한 사람일수록 새로운 경험을 꺼리는 경향이 있다. 익숙한 영역, 잘하는 일 안에만 머물며 안전지대를 고수하곤 한다. 하지만 오늘날은 지식의 반감기가 짧고, 새로운 일이 끊임없이 등장하는 시대다. 결국 누구나 초보자로서 다시 배우고 적응해야 한다.

물론 꼭 필요 없는 일이라면 못한다는 이유로 피하는 것도 괜찮다. 남에게 맡겨도 된다. 그러나 반드시 해야 할 일이라면 부딪히고, 꾸준히 양을 쌓아야 한다. 배우는 과정에서 미숙함은 당연하다. 초기의 불편함을 넘어설 때 비로소 성장의 문이 열린다.

일정 구간만 넘어가면 제법 괜찮아진다는 사실을 우리는 이미 경험으로 알고 있다. 그래서 미흡할수록 더 많이 시도해야 한다. 초기에는 어설픈 모습을 보여도 괜찮다. 초보일수록 괜히 자존심을 세우지 말고, 행동을 가로막는 완벽주의도 내려놓아야 한다. 초기의 실수는 성장 과정의 일부다. 남들은 우리에게 큰 관심이 없고, 설령 실수를 비웃더라도 금세 잊는다. 그러니 타인의 시선에 얽매이거나 부끄러워할 필요가 없다.

서툰 상태에서 시도를 이어갈수록 불편함은 커진다. 그러나 그 불편을 감내할수록 성장도 뒤따른다. 못할수록 더 많이 해야 앞으로 나아갈 수 있다. 직진형 인간은 못하기 때문에 멈추는 사람이 아니라, 못하니까 더 해보는 사람이다.

양적 실행이 질을 만든다

창의성 연구자 딘 키스 사이먼튼 교수는 말했다.
"걸작은 더 많은 아이디어와 시도 속에서 태어난다."
양이 곧 질을 만든다. 시도가 많아지면 실패도 늘지만 성공도 그만큼 따라온다. 결국 많이 해보는 것, 그것이 가장 단순하면서도 강력한 성공 전략이다.

　나 역시 처음 시작했을 때 다르지 않았다. 하루에도 몇 편씩 글을 쏟아내며 양적 반복을 실천했다. 그 과정이 글을 달라지게 했다. 처음엔 허술했지만 꾸준한 실행 속에서 글의 결이 달라지고 표현의 정확도도 높아졌다. 양이 누적되자 질이 변했다. 그러던 어느 날, 구독자 한 분이 이런 메시지를 남겼다.

　"1년 전에는 글 열 편 중 두세 편만 눈에 들어왔는데, 지금은 여섯, 일곱 편이 다 읽히네요. 많이 달라지셨어요."

　나는 수포자 출신의 하위권 학생들을 많이 지도해왔다. 이들 중에는 6~8등급에서 시작해 1년 만에 수능 수학 1등급을 받은 학생도 있다. 비결은 초기 몇 달간 양적 반복에 집중한 것이다. 개념을 빠르게 익히고, 유형 문제를 수없이 풀고, 오답을 꾸준히 정리하면서 기본기를 쌓았다. 많은 이들이 한 문제를 오래 붙잡는 것이 더 수준 높은 공부라 여기지만, 기초가 부족한 학생에게는 오히려 빠른 회전과 반복 학습이 효과적이다. 충분히 익힌 뒤에야 질적 공부로 전환할 수 있다.

　물론 여기서 말하는 양적 학습은 날림식 풀이가 아니다. 진도만 빠르게 나간다면 밑 빠진 독에 물 붓기다. 진도와 복습을 병행하고, 오답을 선별해 주기적으로 복습해야 한다. 하루 7~8시간씩 수학 공부에 몰입한 학생들은 남들이 수년 걸린 과정을 1년 안에 압축할 수 있었다. 압도적인 양으로 단기간에 성과를 끌어올린 것이다.

이 원리는 공부에만 국한되지 않는다. 새로운 분야에 도전할 때도 초반에는 양적 노력이 필수다. 다작을 통해 패턴을 익히고, 피드백을 흡수하며 개선하다 보면 일정 수준까지 누구나 도달할 수 있다. 그리고 바로 그 시점에 질적 전환이 가능해진다.

질적인 전환은 다음과 같은 방식으로 가능하다.

첫째, 반복된 결과를 복기하라.

쌓아온 결과물을 다시 들여다보며 패턴을 찾는다. 글쓰기라면 반응이 좋았던 글의 공통점을 분석하고, 음악이라면 관객의 반응을 확인한다. 공부라면 자주 틀린 개념을 다시 정리한다.

둘째, 디테일로 승부하라.

글쓰기라면 단어와 문장에서 감정을 조율하고, 음악이라면 음 하나의 길이나 강약을 조정한다. 공부라면 해설을 외우지 말고 논리적 근거로 재구성한다. 작은 조정이 완성도를 크게 끌어올린다.

셋째, 냉정하게 점검하라.

내 작업을 남의 것처럼 바라보며 분석한다. 공부라면 오답 유형을 분류하고, 창작이라면 실패 패턴을 점검한다. 무엇이 부족한지 알아야 보완할 수 있다.

넷째, 피드백을 주고받아라.

타인의 시선은 나의 맹점을 드러낸다. 독자, 청중, 동료, 멘토 누구든 좋다. 외부의 반응은 개선으로 가는 가장 **빠른** 통로다.

다섯째, 형식을 넘어 자기만의 철학을 세워라.

질은 기술이 아니라 태도에서 나온다. 반복된 실행 속에서 내가 추구하는 본질, 이 일을 계속하는 이유를 찾아야 한다. 그 철학이야말로 완성도를 끌어올리는 힘이다.

처음엔 누구나 허술하다. 하지만 불완전한 시도라도 꾸준히 이어가면 실력이 된다. 완벽한 시작은 없다. 실력은 양 위에 만들어지고, 깊이는 반복된 경험 속에서 자란다. 양이 충분히 쌓여야 비로소 질을 논할 자격이 생긴다. 꾸준한 양이 당신을 자격 있는 사람으로 만들어줄 것이다.

황홀한 루틴을 즐겨라

소설가 무라카미 하루키는 매일 새벽 5시에 일어나 집필을 마친 뒤 10km를 달린다. 해외에 나가도 루틴을 깨지 않는다. 그가 달리기를 처음 시작한 건 서른 셋이었다. 처음엔 30분도 채 달리지 못했지만, 매일 이어가면서 체력과 습관이 쌓였고 15년 뒤엔 11시간 동안 100km 울트라 마라톤을 완주했다. 그는 "예외는 또 다른 예외를 부른다"고 말하며 자신이 세운 규칙을 꾸준히 지켜왔다. 이런 꾸준함이 그를 '롱런하는 작가'로 만들었다.

운동이든 글쓰기든 꾸준함은 가장 강력한 성장 전략이다. 매일 하기로 정하면 '오늘도 할까?'를 고민할 필요가 없다. 관성이 나를 자연스럽게 앞으로 밀어준다. 성장은 특별한 순간에 일어나는 게 아니다. 매일 한 걸음씩 전진하는 작은 반복이 결국 극적인 전환점을 만든다.

아무리 마음이 흔들려도 나를 전진하게 만드는 건 결국 루틴이다. 강력한 루틴은 변덕스러운 감정과 컨디션을 뛰어넘는다. 처음엔 의식적으로 반복해야 하지만, 시간이 지나면 힘들이지 않아도 자연스레 실행된다. 그렇게 루틴은 점점 쉬워지고, 방향은 더욱 명확해진다.

나 역시 루틴의 힘을 경험했다. 1,000일 넘게 매일 새벽 블로그에 글을 썼다. 여행 중에도 새벽에 일어나 스마트폰으로 포스팅을 했다. 단 하루도 글쓰기를 쉬어본 적이 없다. 처음엔 의지가 필요했지만, 일정 시간이 지나자 루틴이 나를 이끌었다.

스무 살 무렵부터 독서는 내 일상이었다. 매일 두 시간씩 책을 읽는 루틴이 자리 잡았고, 군대에서도 2년 동안 450권을 읽었다. 틈날 때마다 책을 집어 든 습관이 만든 결과였다. 이것이 진짜 루틴의 힘이다. 몸과 두뇌가 기억하면 억지로 애쓰지 않아도 된다. 루틴이라는 꾸준한 반복의 끝에서 우리는 몰입을 만나고, 그 몰입이 주는 황홀을 맛본다.

많은 이들이 루틴을 지루함과 혼동하지만 실상은 다르다. 루틴은 오히려 놀라움을 선물한다. 끝까지 지켜냈을 때, '내가 이걸 해냈다고?' 하는 기쁨과 성취가 따라온다. 요행이나 벼락치기가 아닌, 확실한 축적의 결과다.

루틴은 결국 자기만의 규칙이다. 철학자 칸트는 매일 같은 시간에 산책했고, 그의 규칙적인 일상은 이웃들이 시계를 맞추는 기준으로 삼을 정도였다. 규율은 구속이 아니라 오히려 자유를 만든다. 의지로 시작하되, 몸과 두뇌에 체화될 때까지 반복하라. 삶은 결국 당신이 만든 루틴의 방향으로 흘러간다. 그러니 지금, 당신만의 생산적인 루틴을 설계하라. 그리고 그 루틴이 선사하는 즐거움을 마음껏 누려라.

지루함을 견뎌라, 도약은 그 뒤에 온다

BTS는 한때 연습실에 갇혀 살다시피 하며 무명의 시간을 버텼다. 데뷔 전 수년 동안 하루 12시간 이상 춤과 노래를 반복했다. 그들이 세계 무대에 오르기까지는 오랜 시간 빛나지 않는 날들을 견뎌야 했다. 우리가 아는 성공한 BTS는 찬란한 무대 위의 순간보다, 훨씬 길고 지루했던 반복의 조각들로 이루어져 있다.

성공한 사람의 이면에는 늘 이런 보이지 않는 시간이 있다. 하지만 사람들은 결과의 순간만을 본다. 모든 날이 특별해야 한다고 믿고, 자극과 흥미가 늘 함께해야 한다고 착각한다. 하지만 현실은 다르다. 진정한 도약은 끝없는 훈련과 단조로운 날들을 버틴 사람에게만 찾아온다. 화려함은 결과일 뿐, 그 과정은 대개 담담하고 반복적이다.

문제는 지루함을 견디지 못하는 데 있다. 눈에 띄는 성장이 없다고 느껴지면 금세 권태를 핑계로 포기하거나 방향을 바꾼다. 자극을 좇아 이 일 저 일 기웃거리다 보면 어느 것 하나 깊이 뿌리내리지 못한다. 가볍게 시작한 일은 가볍게 사라진다. 그러나 결과는 깊게 파고든 경험에서만 나온다. 깊은 뿌리는 오랜 시간 같은 자리를 지켜야 생긴다.

성장은 직선이 아니라 계단과 같다. 멈춘 듯 보이다가도 어느 순간 급격한 가속 구간이 찾아온다. 문제는 그 시점까지 버티는 일이다. 많은 사람이 바로 그 직전, 아무 일도 일어나지 않는 지루함 앞에서 포기한다. 도약은 선택받은 자의 특권이 아니다. 지루한 시간을 견딘 사람에게만 열리는 문이다.

세계적인 가치투자자 워런 버핏은 이렇게 말한다.

"열렬히 박수받는 투자 활동에 주의하라. 위대한 조치는 대부분 조용하고 지루하며 재미가 없다."

어떤 분야든 탁월한 결과는 조용하고 묵묵한 과정에서 태어난다. 환호와 박수는 결과의 순간에만 머무를 뿐이다.

이런 조언은 진부하게 들릴 수도 있다. 반복은 평범하고, 훈련은 지루하며, 연습은 하찮아 보인다. 그래서 사람들은 지름길을 찾고 단번에 성공했다는 환상을 좇는다. 하지만 대부분의 사람에게 필요한 건 운이나 천재성이 아니다. 그저 매일 묵묵히 반복하는 힘이다. 그것이야말로 가장 확실한 길이다.

기억하라. 단조로운 반복은 결코 헛된 시간이 아니다. 그 시간 동안 실력은 눈에 띄지 않게 다져지고, 그 단단함은 언젠가 도약의 순간을 부른다. 성공은 우연히 찾아온 사건이 아니라, 조용히 축적된 날들의 무게가 만든 필연이다.

일기로 마인드셋을 설계하라

지난 20년 동안 80여 권의 일지 노트를 써왔다. 그 안에는 기쁨과 좌절, 다짐과 실패, 벼랑 끝에서 쓴 독백과 아무도 보지 못한 희망의 불씨까지 담겨 있다. 일기는 단순한 기록이 아니라, 나를 지탱하고 앞으로 나아가게 한 루틴이자 실행의 도구였다.

20년간 써온 일기장들

글쓰기는 흘러가는 시간을 '삶의 자산'으로 바꾼다. 기록을 쌓으면 하루가 우연한 조각이 아니라 의미 있는 축적이 된다. 덕분에 10년 전, 아니 20년 전의 나까지 돌아볼 수 있다. 힘겨운 시절에도 일기는 나를 붙잡아 세웠다. 하루를 쓰며 마음을 정리했고, 다짐을 적으며 다시 일어섰다. 아무리 고단한 날이라도 글로 남긴 날은 결코 헛되지 않았다.

일기 쓰기는 하루 5분이면 충분하다. 멋진 표현도 필요 없다. 중요한 건 매일 몇 줄이라도 기록하는 행위 자체다. 오늘 무엇이 나를 고양시켰고 무엇이 나를 소진시켰는지 적어두면, 긍정은 키우고 부정은 줄일 수 있다.

특히 마지막 한 줄을 긍정으로 마무리하는 습관은 강력하다. 언어는 감정을 지배한다. 부정적 언어는 부정적 감정을, 긍정적 언어는 긍정적 감정을 불러온다. 그러니 하루가 엉망이어도 마지막 문장은 다짐으로 마무리해보자. 일기의 끝을 긍정으로 설계하는 순간, 삶의 방향도 달라진다.

심리학 연구에 따르면 감정을 글로 표현하는 것만으로도 면역력이 높아지고 스트레스가 줄어든다. 고통스러운 사건, 불쾌한 경험, 자책과 혼란조차도 글로 옮기는 순간 거리가 생긴다. 말로 꺼내기 힘든 감정이 글에서는 조용히 흘러나온다. 글쓰기는 감정을 정화하는 통로다.

  또한 일기에는 감사를 담아야 한다. 감사할 일을 찾고 기록하는 습관은 삶을 바라보는 시선을 바꾼다. 작고 사소한 순간을 적으며 스스로를 축하하고 축복하라. 이런 작은 인정이 쌓일수록 자신에 대한 존중이 회복된다. 사소한 일이라도 '이건 충분히 의미 있는 일이야'라고 기록하는 순간, 자존감은 복원된다. 결국 삶의 긍정성은 실체가 아니라 관점에서 비롯된다.

  또한 일기가 내면을 다지는 루틴이라면, 블로그는 그 뿌리를 세상으로 확장하는 통로다. 하루의 단상이라도 공개적으로 기록하다 보면, 그 글은 누군가에게 닿아 뜻밖의 기회를 만든다. 꾸준한 기록은 실행력을 눈에 보이게 하고, 동시에 신뢰를 함께 쌓아 올린다.

  쓰는 사람이 직진한다. 기록이 쌓일수록 정체성은 선명해진다. 자신을 명확히 이해하는 사람은 더 멀리, 더 곧게 나아간다. 일기는 마인드셋을 설계하고 삶을 바로 세우는 가장 단순하면서도 강력한 루틴이다.

  내가 기록하지 않으면 누가 내 삶을 대신 써 줄 것인가? 우리의 하루하루는 글로 남길 만큼 충분히 소중하다. 그 작고 꾸준한 기록이 결국 우리를 직진하게 만들 것이다. 기록은 곧 나를 움직이는 힘이다.

즉행의 힘

미루는 습관은 고질적이다. 단 한 번으로 끝나지 않고 연쇄적으로 쌓인다. 그렇게 누적된 미룸은 결국 벼락치기로도 버거운 상황을 만든다. 미루는 버릇은 단지 일을 늦추는 데 그치지 않는다. 그 일을 해야 한다는 생각에 얽매여 불편한 감정을 오래 붙든다. 결국 우리는 '미룸의 감옥'에 갇혀 자책과 번민에 시달리게 된다.

왜 불편하고 후련하지 못한 마음을 끌어안은 채 계속 미루기만 하는가? 그것은 현재의 편안함을 위해 미래의 나에게 책임을 떠넘기는 일이다. 결국 무책임하게 미래를 방치하는 것이다.

미루는 습성에 익숙한 사람도 몇 번쯤은 즉시 행동해본 경험이 있을 것이다. 그때의 속 시원함을 떠올려보자. 시간에 쫓겨 졸속으로 처리하기보다, 할 수 있을 때 미리 해두는 것이 훨씬 낫다. 강력한 실행, 즉 '즉행'만이 삶에 쌓인 찌꺼기를 말끔히 치울 수 있다. 그 찌꺼기는 행동하지 않아 쌓인 감정의 잔재다. 머뭇거릴수록 마음속에 고여 썩는다.

예를 들어 어질러진 책상, 미뤄둔 서류 제출, 하루 종일 마음에 걸린 한 통의 전화, 집필하겠다며 묻어둔 원고 작업 같은 일들. 모두 사소해 보이지만, 방치하면 내면 깊은 곳에 스트레스로 남는다. 하지만 막상 해내고 나면 불순물이 씻겨 내려가듯 마음이 맑아진다.

무행동inaction으로 쌓인 감정의 불순물은 밀어내야 한다. 강력한 실행, 즉 즉행이 우리의 마음을 구원한다. 미뤄두던 일을 해결하는 순간, 내면은 평안을 되찾고 삶의 질은 올라간다. 실행은 혼란스러운 삶에 질서를 세우는 힘이다.

미룸과 회피는 우리를 정신적 빈곤에 가둔다. 삶에 무질서를 불러오고, 스트레스와 자존감 저하로 이어져 결국 하루하루를 허덕이며 살게 만든다. 그러나 변화는 가능하다. 회피 대신 직진을 선택하는 건 결국 습관의 문제다. 습관은 충분히 바꿀 수 있다. 무엇이든 계속 미루기만 하면, 정작 그 일을 하는 것보다 더 많은 시간과 에너지가 소모된다.

직진은 불확실성 속으로 뛰어드는 행위다. 그 안에는 온갖 상상의 괴물이 도사리고 있다. 그러나 막상 뚜껑을 열어보면 대부분 허수아비에 불과하다. 우리가 그 괴물을 지나치게 부풀려 놓았을 뿐이다. 행동만이 그 환상을 깨뜨릴 수 있다. 두려움은 가만히 있을 때 더욱 커지고, 부정적 망상은 수동적인 상태에서 자라난다. 그 늪에 빠지지 않으려면 움직여야 한다.

해결책은 단순하다. 쓸데없는 두려움이 커질수록 몸과 마음을 분주하게 하라. 생산적인 일에 뛰어들고, 우선순위에 집중하라. 몰입은 긍정을 지키는 최선의 길이다. 부정적 감정은 수동적인 태도를 보일 때 스며든다. 미래를 향해 나아가라. 직진은 내면의 혼란을 정리하고 삶에 명쾌함을 가져다준다. 우유부단함이야말로 인간을 가장 깊이 소모시키는 독이다. 결정하고 전진하라. 그것이 곧 움직이는 행복이다.

즉행은 은근히 중독적이다. 한번 시작하면 속이 뚫리는 듯한 쾌감을 준다. 미루는 삶은 늘 무언가에 쫓기는 듯한 불안 속에 머물게 한다. 그것은 만성적인 불행이다. 그러나 직진은 살아 있다는 감각을 선명하게 되살린다. 스트레스를 푸는 가장 확실한 방법은 그 스트레스를 유발한 일을 바로 해내는 것이다. 행동하면 계속 실행하게 되고, 미루면 계속 미루게 된다. 관성의 법칙처럼 방향이 정해지면 그대로 밀고 나갈 수 있다.

"자연의 본질은 운동이다. 절대적 정지는 곧 죽음이다."

파스칼의 말처럼, 생명의 본질은 움직임에 있다. 삶의 활력은 도전에서 비롯된다. 직진은 추진력을 만들고, 그 힘은 정체된 상황을 뚫는 돌파력으로 이어진다. 멈춰 있지 말고, 지금 당장 움직여라. 자기 구원은 실행에서 시작된다.

5분 법칙

　새벽 무렵, 고양이 화장실 청소를 한다. 여러 마리라 두 군데를 치워야 한다. 굳은 소변과 대변 덩어리를 퍼내고, 더러운 모래를 버린 뒤 새 모래로 채운다. 가끔은 '하루쯤 안 해도 괜찮지 않을까?' 싶은 마음이 든다. 그러나 집사의 역할을 저버릴 수는 없다. 그런데 막상 시작하면 귀찮음은 이미 사라져 있다. 그때 알았다. 귀찮은 일은 따로 있는 게 아니라, 귀찮은 마음만 있을 뿐이라는 것을.

　누군가에겐 블로그 글쓰기가 번거롭고, 또 다른 누군가에겐 운동이 그렇다. 하지만 그 일을 꾸준히 해내는 사람도 있다. 결국 귀찮음은 일의 속성이 아니라, 내가 그것을 바라보는 태도에서 비롯된다. 대부분의 귀찮음은 '시작하기 전'에만 생긴다. 실행에 들어가면 신기하게도 사라진다. 중요한 건 그 짧은 '실행 직전의 순간'을 넘기는 것이다.

　'아, 귀찮아 → 귀찮다고? → 아하! 이건 지금 해야 한다는 뜻이야.'

　귀찮음을 하나의 신호로 받아들이면 삶은 훨씬 단순해진다. 귀찮은 일 몇 가지만 바로 처리해도 자기 효능감은 커지고, 마음은 가벼워진다. 오늘 당신 앞에 귀찮은 일이 있다면 하나라도 먼저 해치워라. 귀찮음은 적이 아니라, 지금 움직이라는 신호다.

하지만 우리는 쉽게 시작을 미룬다. 계속 미루다 보면 연쇄적으로 쌓여 결국 벼락치기로는 감당할 수 없는 상태에 이른다. 운동, 독서, 업무 등 해야 한다는 걸 알면서도 자꾸 주저한다. 사실 실행에서 가장 어려운 순간은 '지속'이 아니라 바로 '시작'이다. 글쓰기도 책상 앞에 앉기 전이 가장 힘들고, 운동도 집을 나서는 순간이 가장 버겁다. 좋아하는 일조차 다시 시작하려 하면 발걸음이 무거워진다. 하지만 시작하지 않으면 아무 일도 일어나지 않는다.

그래서 '딱 5분만 해보자'는 마음이 필요하다. 어차피 해야 할 일이니 그 정도는 누구나 스스로 납득할 수 있다. 겉으로는 타협처럼 보이지만 사실은 시작의 마법이다. 차에 시동을 걸듯 마음에도 점화가 필요하다. 그 점화 버튼이 바로 '5분 법칙'이다.

첫 번째 5분 법칙은 '5분만 해보자'이다. 오래 하지 않아도 괜찮다. 다만 그 5분만큼은 온전히 집중하자. 생각보다 많은 것을 해낼 수 있다. 플랭크 5분은 영원처럼 길다. 책 몇 장을 더 읽을 수도 있고, 감사일기를 남길 수도 있다. 5분은 짧지만 결코 가볍지 않다. 미뤄왔던 일을 짧고 굵게 5분 동안 해보라.

이제 5분이 지났다. 수고했다. 그만 쉬어도 좋다. 하지만 '이왕 시작했으니 조금 더 해볼까?' 하는 마음이 따라올지도 모른다.

두 번째 5분 법칙은 이미 시작한 일이라면 '5분만 더 해보자'이다. 진입 장벽은 넘었으니 흐름을 조금만 더 이어가면 된다. 글이라면 퇴고를 다듬고, 운동이라면 스트레칭으로 마무리하고, 대화라면 마지막 5분 동안 더 마음을 기울여 듣거나 따뜻한 한마디를 건네는 것이다. 충분하다고 느낀 바로 그 순간에 보탠 5분이 디테일을 완성하고 성과의 밀도를 바꾼다.

"영웅은 다른 사람들보다 훨씬 용감한 것이 아니다. 단지 5분 동안만 더 용감할 뿐이다."

에머슨의 말처럼, 단 5분만 더 적극적으로 해보라. 그 짧은 순간이 흐름을 바꾸고 전환점을 만든다.

행동은 또 다른 실행을 부르고, 미룸은 또 다른 미룸을 낳는다. 첫 번째 5분 법칙은 시작의 벽을 낮추고, 두 번째 5분 법칙은 완성도를 끌어올린다. 5분은 짧아 보여도 그 안에 변화의 씨앗이 숨어 있다. 작은 5분에서 비롯된 움직임은 결국 인생의 궤적을 바꾸는 나비효과로 이어진다. 특별한 변화는 언제나 사소해 보이는 5분에서 시작된다.

창조적으로 삶을 설계하라

서사를 바꾸면 행동도 달라진다

매일, 당신은 자신에게 어떤 이야기를 들려주고 있는가?

우리는 모두 자기 삶을 지배하는 서사를 마음속에 품고 산다. 어떤 이는 스스로를 '희생자 서사'의 인물로 설정한다. 늘 원망할 대상을 찾으며 피해자 역할에 머무른다.

반면 또 다른 이는 고난을 극복하는 '모험 서사'의 주인공으로 자신을 바라본다. 장애물조차 삶을 풍성하게 만드는 요소로 여기며, 변수에 흔들리지 않고 주도권을 지킨다.

내면에 품은 이야기는 생각보다 강력한 힘을 지닌다. 우리가 믿는 이야기는 되돌아와 우리에게 말을 건다. 세상이 자신을 괴롭힌다고 믿는 사람은 늘 같은 피해자 서사를 반복한다. 불평은 또 다른 불평으로 이어지고, 그들은 과거에 갇힌 부정적 서사에 끌려다닌다.

하지만 우리는 언제든 새로운 이야기를 쓸 수 있다. 우리 삶에는 희극과 비극이 늘 공존하고, 웃음과 울음이 끊임없이 교차한다. 어디에 집중하고 어떤 기억을 되새기느냐에 따라, 스스로에게 들려주는 이야기가 달라진다. 이 내면의 이야기가 곧 우리의 정체성을 만든다.

나는 '대기만성형 역전 서사'를 채택했다. 늦게 시작했지만 결국 뒤집는 언더독 스토리를 내 것으로 삼았다. 그에 어울리는 몇몇 경험에 의미를 부여했다. 물론 매번 역전한 것은 아니고, 늘 승리한 것도 아니다. 그러나 과거의 몇몇 성공 경험은 지금도 내게 힘이 된다.

나는 직진형 인간이다. 내 인생 서사에서 강인한 전사이자, 때로는 지혜로운 마법사다. 내가 선택한 서사는 '끊임없이 나아가는 자'의 이야기다. 넘어져도 깨져도 다시 일어나 전진하는 길 위의 인간이다. 물론 나도 피해자 역할에 머무를 수 있었다. 하지만 선택은 내 몫이었다. 자신을 위해, 미래를 위해, 더 나은 삶을 위해 긍정적인 서사를 택했다.

우리 모두 고유한 각자의 고유한 이야기를 갖고 있다. 마음속에 새겨진 스토리는 우리의 행동을 이끌고, 삶의 전개를 바꾼다. 결국 마음속에 담긴 이야기가 운명을 결정한다. 그리고 그 이야기를 선택하는 힘은 언제나 우리에게 있다.

인생에 다시 힘을 불어넣는 방법은 단순하다. 먼저 과거에서 비롯된 잘못된 이야기를 정리해야 한다. 자꾸 나를 갉아먹는 스토리는 이제 놓아야 한다.

무의식 속을 잘 들여다보면 마음에 닿는 이야기가 하나쯤은 있다. 그것을 꺼내 보는 것만으로도 방향은 달라질 수 있다. 만약 없다면 지금부터 만들면 된다. 살고 싶은 삶이 있다면 그 삶을 경험하고, 말하고, 쌓아가라. 그렇게 축적된 이야기는 곧 나만의 서사가 되고, 삶의 힘이 된다.

언제든 우리는 자신에게 새로운 이야기를 선물할 수 있다. 꼭 내 경험이 아니어도 좋다. 감명 깊게 읽은 자서전, 다큐멘터리 한 장면, 어떤 인물의 인생 역전 사례도 충분히 내 서사가 될 수 있다.

"나도 저렇게 변할 수 있어."

이 믿음은 그 이야기를 받아들이는 순간부터 내 안에 자리 잡는다. 그래서 우리는 희망이 담긴 서사를 자주 만나야 한다.

지금 당신은 스스로에게 어떤 이야기를 들려주고 있는가?

매일 떠올리는 장면, 무심코 내뱉는 말, 되풀이해 주입하는 생각들이 곧 당신의 서사가 된다. 그 이야기가 삶을 앞으로 밀어주는지, 아니면 발목을 붙잡고 있는지 점검하라. 스스로에게 들려주는 이야기는 생각이 되고, 생각은 행동이 되며, 행동은 결국 현실이 된다.

내가 품은 이야기가 곧 운명을 다시 쓰는 펜이다. 그렇다면 당신은 오늘, 자신에게 어떤 이야기를 들려줄 것인가?

당신답게 살아라

십여 년 전, 장례식장에서 한 분을 만났다. 고인의 친구셨던 그분은 일흔다섯 살이셨다. 살아온 세월이 많으시니 젊은 내게는 고리타분하고 진부한 말씀을 하실 줄 알았다. 그런데 의외의 말씀을 하셨다. 하고 싶은 일을 하며 살라는 것이었다.

"우리 세대는 한 달 먹고살려고 한 달 내내 일해야 했지. 하지만 자네 세대는 한 달 벌면 두 달은 먹고살 수 있지 않나? 굶어 죽을 일은 없을 거야. 그러니 너무 생계만을 위해 살지 말고, 하고 싶은 일을 하며 살게. 배우자도 조건 따지지 말고, 좋아하는 사람과 함께하고. 일도 마찬가지야."

그 말은 내게 강렬하게 남았다. 따지고 보면 지금은 생존의 위협이 훨씬 덜한 시대다. 최재천 교수 역시 제자들에게 이렇게 조언한다.

"자네들은 먹고사는 걱정을 하지 않아도 되는 세대이니, 평생 하고 싶은 일을 찾아보라."

"내 멋대로 살아라." 이 말은 제멋대로 살라는 게 아니다. '주인공답게 살라'는 뜻이다. 남의 잣대에 휘둘리지 않고, 자신의 기준으로 당당하게 살라는 선언이다. 자유롭지만 동시에 책임 있는 태도로 자기 삶을 스스로 꾸려가라는 다짐이다.

물론 자유에도 조건이 있다. 성숙한 자유는 남에게 피해를 주지 않고, 내 자유만큼 타인의 자유도 존중하는 데서 시작된다. 그것이 나답게 살기 위한 최소한의 윤리다. 그 외의 모든 선택은 각자의 몫이다. 눈치 보지 말고, 부끄러워하지 말고, 진심으로 원하는 일을 선택하라.

하고 싶은 일을 단 한 번도 해보지 못한 채 인생을 마친다면 얼마나 아쉬울까? 진정한 나로 살고 싶다면 좋아하는 일 앞에서 더 이상 망설이지 마라. 사랑하는 업이 있다면 주저하지 말고 그 길로 직진하라. 나답게 살기 위해서는 결국 과감히 도전해야 한다. 우리는 남의 꿈에 자기 꿈만큼 열광할 수 없다. 궁극의 추진력은 언제나 자기 꿈에서 나온다.

  나는 영감을 주는 일을 사랑한다. 그래서 강사로, 작가로, 블로거로 살아가며 매일 충만한 보람과 깊은 의미를 느낀다. 다른 길을 택했다면 결코 맛보지 못했을 소중한 감정이다. 내가 하는 일에 온전히 몰입할 수 있다는 것, 그것이 곧 나답게 살고 있다는 증거다.

  직진형 인간은 자기 인생의 주도권을 가진 사람이다. 다른 사람의 잣대가 아니라 내면의 확신을 따른다. 당신도 심장을 향해 걸어가라. 그럴 때 인생은 가장 뜨겁고 찬란하게 빛난다. 꿈을 따르려면 직진하라. 그 길 위에서 강력한 추진력이 붙는다.

  남의 인생에 감탄만 하다 정작 자신의 인생을 놓치지 마라. 우리는 각자 자기 삶을 살 권리가 있고, 그럴 힘도 있다. 결국 직진이란, 자유로운 자아를 향한 용기 있는 도전이다.

제대로 한번 날아보자

벼랑 끝으로 오라 Come to the Edge

벼랑 끝으로 오라.

떨어지면 어떡하나요.

벼랑 끝으로 오라.

너무 높아요!

벼랑 끝으로 오라.

그들은 왔고

그는 밀었더라.

이에 그들은 날아올랐더라.

_크리스토퍼 로그 Christopher Logue

크리스토퍼 로그가 1968년에 쓴 짧지만 강렬한 이 시를 읽으며 나는 깨달았다.

'우리는 날 수 있다는 자각도 없이, 세속의 익숙한 대지에만 뿌리내리고 살아가는구나. 내 안의 날개의 존재를 잊지 말아야겠다.'

그때부터 나만의 확언 하나를 만들었다.

'모든 것이 가능하듯 행동하라. 힘은 내 안에서 솟는다. 자아를 압도하는 그 초월적 힘이 나를 이끈다.'

이것은 단순한 의욕이 아니었다. 한계를 넘어 전진하게 하는 자기 확신의 언어였다.

안전지대를 벗어나 절벽 끝에 서야 비로소 우리의 날개는 자라기 시작한다. 토니 모리슨의 말처럼, "날고 싶으면 너를 끌어내리는 무게를 포기해야 한다."

우리를 얽매는 것은 타인이 만든 쇠사슬 같지만, 실은 스스로 조여온 굴레일지도 모른다. 익숙함은 안주를 낳고, 길들여진 무게는 어느새 몸의 일부처럼 느껴진다. 그러나 그것을 벗어날 기회는 늘 우리 앞에 있다. 이제는 낡은 인식을 깨고, 스스로를 새롭게 정의해야 한다.

《미운 오리 새끼》를 읽으며 백조는 남의 이야기라 여기지만, 사실 우리 모두는 백조의 자질을 품고 있다. 날 수 있음에도 자신의 날개를 인식하지 못한 채 살아가는 것이다. 상승을 가로막는 고정관념이 있다면 그 틀을 깨야 한다. 각성하지 않는 한 삶은 변하지 않는다.

무덤에 들어가기 전까지 그 무엇도 정해진 것은 없다. 인류가 진화해왔듯 우리 역시 계속 성장할 수 있다. 날기 위해서는 먼저 날 수 있다는 믿음이 필요하다. 그리고 그 믿음을 짓누르는 낡은 인식을 내려놓아야 한다. 날고 싶다는 욕망과 날 수 있다는 믿음이 합쳐질 때, 직진은 비로소 힘을 얻는다.

믿고 행동할 수 있다면, 우리 모두는 별이다. 각자는 자기만의 번영을 누릴 자격과 힘을 지니고 있다. 우리 안에는 이미 특별함의 씨앗이 심겨 있다. 다만 많은 이들이 그 힘의 존재조차 모른 채 살아가기 때문에 잠재력이 묻힐 뿐이다.

혹시 자신 안의 가능성을 끝까지 발굴해 본 적이 있는가? 주어진 대로만 살고, 눈앞에 보이는 현실만 무심히 받아들이고 있지는 않은가?

우리는 모두 가능성의 존재다. 아직 발견되지 않은 가능성은 직진 속에서 깨어난다. 그 가능성이 드러나는 순간, 평범한 삶은 완전히 달라진다. 그리고 마침내 당신은 세상 속에서 빛나는 별이 된다.

우리는 모두 불완전한 조건 속에서 출발한다. 사회, 가정, 유전자, 문화는 제각각이지만, 그 이후의 삶을 써 내려가는 일은 전적으로 자신의 몫이다. 지금이라도 자신을 새롭게 창조할 수 있다. 자기 가능성을 인정하는 만큼 존재는 자라고, 확신이 클수록 더 멀리 나아갈 수 있다. 그 확신 속에서 우리는 날개를 얻는다.

자신을 얽매던 낡은 쇠사슬을 끊는 순간, 우리는 자유로워진다. 그리고 그 자유에서 비롯된 행동은 결국 기적을 만든다. 이제는 스스로 만들어온 관념과 습관을 과감히 넘어설 때다. 놀라게 해야 할 대상은 다른 누구도 아닌 자기 자신이다. 실패처럼 보이는 일도 강한 영혼을 꺾지 못한다. 두려움조차 직진으로 돌파할 수 있다.

직진하는 순간, 날아오른다. 지금이 바로 그 순간이다.
이제 제대로, 나답게 날아보자.

생각을 멈추고, 행동을 현실로 바꾸는 힘
직진형 인간

초판 1쇄 발행 2025년 10월 15일

지은이 임진강 (데미안)
펴낸이 최현준

편집 홍지회, 강서윤
디자인 홍민지

펴낸곳 빌리버튼
출판등록 2022년 7월 27일 제 2016-000361호
주소 서울시 마포구 월드컵로 10길 28, 201호
전화 02-338-9271
팩스 02-338-9272
메일 contents@billybutton.co.kr

ISBN 979-11-92999-99-9 (03190)

· 이 책은 저작권법에 따라 보호를 받는 저작물이므로 무단전재와 무단복제를 금합니다.
· 이 책의 내용을 사용하려면 반드시 저작권자와 빌리버튼의 서면 동의를 받아야 합니다.
· 책값은 뒤표지에 있습니다. 파본은 구입하신 서점에서 교환해 드립니다.
· 빌리버튼은 여러분의 소중한 이야기를 기다리고 있습니다.
  가이디어나 원고가 있으시면 언제든지 메일(contents@billybutton.co.kr)로 보내주세요.